住みたいが見つかる！
# センスのいい部屋づくり
## レシピ BOOK

THE ROOM TOUR 著

X-Knowledge

# 暮らしたいの

「こんな家に住んでみたいな」。
そう感じたのは、何を見た時でしょうか。
ゆったりくつろげるソファのある部屋？
雑貨やアートが飾ってあるコーナー？
間接照明が心地よく照らすベッドルーム？
「素敵だな」と感じる気持ちを素直に集めれば、
自分らしく、心地よく感じられるインテリアが完成します。

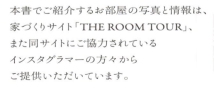

本書でご紹介するお部屋の写真と情報は、
家づくりサイト「THE ROOM TOUR」、
また同サイトにご協力されている
インスタグラマーの方々から
ご提供いただいています。

# は、こんな家

## 理想のインテリアの第一歩はイメージ収集から

FLANNEL SOFA

淡色トーンのクッションでまとめて
色や形の違うクッションでインテリアを楽しんで。オットマンの代わりに
「プフ（クッションスツール）」をプラス (ai_noie_o邸)

ソファ：FLANNEL SOFA、壁材：リリカラ、床材：朝日ウッドテック、フレーム：THE POSTER CLUB

\check/
メインの家具や
設備をチェック

\check/
家具や設備、壁材、
床材、設備の
商品名やメーカーは
ここでチェック

\check/
「このインテリアが素敵」
と感じたら、
インスタグラムを
アカウント名でチェック

Contents

2 | Introduction

**Part 1**

6 | **今すぐ真似したい
リビングのセンスアップレシピ 75**

8 | 魅せるリビング 人気のテイストBest 3

18 | 今すぐ 真似したい、神配色

28 | 差がつく! 褒められ素材

40 | ひと味違う このコーナー

46 | 買ってよかった! 〝沼る〟ソファ

54 | これであか抜け! リビング照明

**Part 2**

62 | **家事が楽しくなる
DKのセンスアップレシピ75**

64 | 憧れキッチン 人気のテイストBest3

82 | 褒められ率100%! 美配色

96 | アクセントの決め手は壁材にあり!

100 | 息を呑むほど美しい……見惚れる高級感

106 | 優秀すぎる! カップボード

110 | 使いやすく、美しすぎるパントリー

**Part 3**

114 | **気持ちよく使える
サニタリーのセンスアップレシピ57**

116 | 丸パクリしたい! センスのいい洗面台

122 | ワンランクアップする! 激推しタイル

124 | 来客時に褒められる コンパクト洗面台

128 | 毎日テンションUP！人気の神配色

136 | このランドリールーム、最高です！

140 | もう迷わない！トイレの壁紙＆床材

Part 4

146 | **疲れを癒す
寝室のセンスアップレシピ24**

148 | 極上のリラックス！癒しの寝室

152 | 壁紙でつくる とっておきの寝室

158 | こだわり寝室、〝推し〟照明

Part 5

164 | **お客様を呼びたくなる
玄関のセンスアップレシピ14**

166 | 来客時に褒められる 真似したい玄関

172 | 採用して正解！機能的な玄関

**家づくり経験者のフォロワーさんに聞きました！**

60 | Column① 予算の成功＆失敗

112 | Column② 暮らしやすい間取りのコツ

144 | Column③ 人気の設備ランキング

162 | Column④ 家づくり経験者の失敗談

174 | 著者プロフィール＆お部屋協力リスト

STAFF
構成・文
藤城明子（ポルタ）

デザイン
三木俊一＋高見朋子（文京図案室）

編集
別府美絹（エクスナレッジ）

# Part 1

# 今すぐ真似したい
# リビングの
# センスアップレシピ
# 75

スタイル、配色、素材、家具選び。
「素敵だな」と感じる空間には、必ず理由があります。
気になるお部屋を真似してみるところから始めて
わが家のインテリアのセンスアップを目指しましょう。

part 1
今すぐ真似したい
リビングの
センスアップ
レシピ
75

フランス&サン

# 魅せるリビング
# 人気のテイスト
# Best 3

インテリアの流行りはあっても、定番スタイルは鉄板！
「シンプルモダン」「モダン」「ナチュラル」の
3つのスタイルのお住まいをご紹介します。

フランス＆サン

### 北欧家具でまとめた
### リラックススタイルの空間

左／北欧ヴィンテージのシェルフには厳選した雑貨をディスプレイ。右／グレーテ・ヤルクのソファ（casa_omame邸）

ソファ、ローテーブル：フランス＆サン、チェア：「ペーパーナイフソファ」

### グレートーンのソファ＆ラグでシックな印象に

ローバックタイプのソファがリビングの主役。ざっくり感のあるソファカバーと同系色のラグで、くつろぎコーナーを演出（m.sumirin邸）

ソファ：「カストール」HUKLA、ラグ：アスペグレン デンマーク、ローテーブル：「E021 エンブレイス・ラウンジテーブル」カール・ハンセン＆サン、チェア：「CH78 ママ・ベアチェア」カール・ハンセン＆サン

HUKLA

# Simple Modern
シンプルモダン

## 明るいリビングの
## ポイントはライトイエロー

ライトイエローがコーディネートのアクセント。アートパネルと同じ色のミモザをローテーブルに飾って（sakura_noie邸）

ソファ：「カストール」HUKLA、ローテーブル：Ethnicraft、ラグ：Francfranc

NOYES

HUKLA

Ethnicraft

## グレーのアクセントウォールで
## 空間を引き締める

現しの梁が空間をリズミカルに演出。ナラ材のフローリングもやわらかな印象で、グレーの壁紙と好相性（ya＿＿＿home邸）

ソファ：「Decibel Standard」NOYES、チェア：「キューバチェア」カール・ハンセン＆サン

カール・ハンセン＆サン

## 空間を明るく見せる
## 白×ベージュのコーデ

モダンな家具のコーディネートも、素材違いの白やベージュでまとめて家族がゆったりくつろげる空間に（yi02qx邸）

ソファ：「LIZ」SPIGA、ローテーブル：「Chiva」BoConcept、ラグ：IKEA

Modern
モダン

NOYES

## モダンな空間をつくる
## 黒フレームのアクセント

黒フレームのアートと黒のダイニングチェア、ikutaのグレーのフローリングでモダンな印象を演出（ew.home.we邸）

ソファ：「Decibel Traditional」NOYES、床材「プリオスJAPAN」ikuta

part 1
今すぐ真似したい
リビングの
センスアップ
レシピ
75

## 白から黒の
## モノトーンでまとめる

白のソファ、黒のキッチンカウンターでモノトーンコーデ。床はタイルで仕上げてモダンな印象を演出（_____.rhm邸）

ソファ：moda en casa、床材：東リ、フラワーベース：「Echasse Vase」Audo Copenhagen

BoConcept

## モノトーンの空間を
## ファブリックでやわらげる

重みのあるウエイテッドブランケットをソファに置いて、思わずお昼寝したくなるようなコーナーに（home_hakuhaku邸）

ソファ：「ROSA SOFA」ALGORHYTHM、ローテーブル：「Chiva コーヒーテーブル」BoConcept、アクセントクロス：リリカラ

ALGORHYTHM

## TVを囲むくつろぎのコーナー

TVの背面は、調湿建材「エコカラット」で仕上げたアクセントウォール（nao_haus邸）

ソファ：大塚家具、チェア：「BKFチェア」、ラグマット：IKEA、フロアランプ：「Twiggy floor」FOSCARINI、TV背面壁材：「エコカラット」LIXIL

LIXIL

大塚家具

IKEA

part 1
今すぐ真似したい
リビングの
センスアップ
レシピ
75

# Natural

ナチュラル

## あこがれの照明で完成する
## リビングインテリア

フロアライトは、家が完成する前からあこがれていた「SNOWDROP」。ラグマットは「CASABLANCA RUG」と呼ばれる、ベニワレン柄のラグ（uri__home邸）

ソファ：飛騨産業、フロアランプ：「SNOWDROP」LE KLINT

LE KLINT

飛騨産業

ACME Furniture

MARGINAL

## 主役のレザーソファに
## 合わせたコーディネート

圧倒的な存在感のレザーソファを主役にしたリビング。吹抜けからの光や、無垢の突板フローリングがナチュラルな印象を与える（chee.___.se邸）

ソファ、ローテーブル；MARGINAL、クッション（上写真／星柄）：BAYFLOW、クッション（下写真）；ANTRY、ペンダントライト；ACME Furniture

part 1
今すぐ真似したい
リビングの
センスアップ
レシピ
75

# 今すぐ真似したい、神配色

素敵なインテリアの家は、配色が絶妙！
思わず見惚れる、真似したくなるような
「神配色」のお家を揃えました。

### 色・柄違いの
### 淡色クッションを並べて

NOYESのソファは、ソファカバーを丸洗いできるタイプ。色・柄違いのクッションカバーでにぎやかな印象に（sai_home_320邸）

ソファ：「Decibel Standard」NOYES、ローテーブル：家具工房、チェア：E-HOME、ラグマット：ISSEIKI FURNITURE

NOYES

ISSEIKI FURNITURE

## 家具もファブリックも
## やさしいベージュで

おうち全体がやさしい雰囲気になるよう、淡色系の家具や小物で揃えている（sara＿＿＿ie邸）

ソファ、チェア：IKEA、床材：「ベリティスフロアー」Panasonic、照明（メイン）：大光電機

IKEA

# Pale Tone
淡色

## 白やベージュで 韓国インテリアを意識

韓国スタイルのインテリアを意識したリビングルームは、ラタンバスケットもポイントのひとつ（aco__m.a__邸）

ローテーブル：Roomnhome、マントルピース：SAKODA、ラグマット：salut!、ランプ：SHEIN、時計：ART OF BLACK

LIXIL

NOYES

ライムライムインテリア

## 淡色トーンのフローリングが
## 空間をやさしくまとめる

淡色のフローリングはLIXIL社の「ラシッサD／クルミFカラー」。リビングがやわらかな印象に（kurumi_myhome邸）

ソファ：NOYES、ラグマット：ライムライムインテリア、TV背面壁材：「エコカラット」LIXIL

part 1
今すぐ真似したい
リビングの
センスアップ
レシピ
75

## 洗練されたグレージュの ワントーンコーデ

温かみのあるグレージュコーディネート。やわらかな素材感のファブリックをグラデーションで揃えてアクセントに（leesaa_house邸）

ソファ：「LUGO」songdream、照明（ヌック）：KOIZUMI、床材：「ライブナチュラルプレミアム」朝日ウッドテック

songdream

## Greige グレージュ

FLANNEL SOFA

### 白を効かせて明るい空間に

白系のフローリングや白のファブリックで、グレートーンのキッチンが軽やかな印象に（ki__kiroku邸）

ソファ：FLANNEL SOFA、ダイニングテーブル・ダイニングチェア：モリタインテリア工業、ラグマット：「ウサギラグ3」NITORI、システムキッチン：「リシェルSI」LIXIL

part 1
今すぐ真似したい
リビングの
センスアップ
レシピ
75

### ショップで
### ひと目惚れした
### グレージュソファ

フェザーが入った「アイラーセン」の
ソファは、最高の座り心地。天井と
床の木目で、温かみのある空間に
(koto_noie邸)

ソファ:「RIG SYSTEM SOFA」eilersen、
サイドテーブル:「Standard Collection」
飛騨産業、床材:「ナラ床暖房対応挽板
フローリング」マルホン、天井材:NISSIN
EX.

eilersen

### ソファの存在感を
### あえて抑えたリビング

ローバックのソファは圧迫感がなく、
空間を開放的な印象に。キッチンカ
ウンターもグレートーンでまとめて
(chiko__no_ie邸)

ソファ:「KASTOR」HUKLA、システム
キッチン・カップボード:kitchenhouse、
レンジフード:TAJIMA レンジフード、照
明(ダイニング):「madeleine」flame
product、床材:「ライブナチュラルプレ
ミアム」朝日ウッドテック

HUKLA

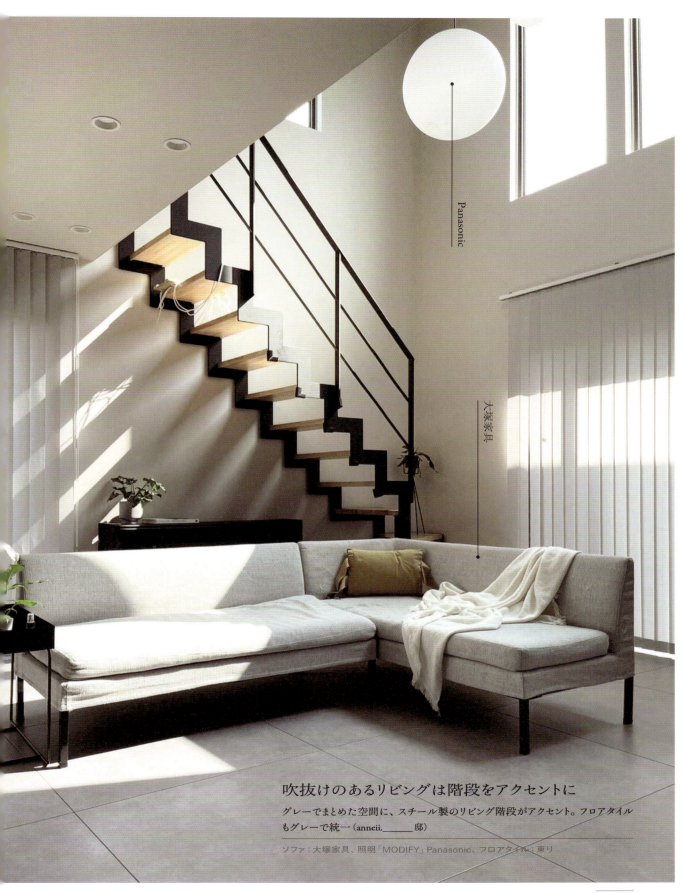

Panasonic

大塚家具

### 吹抜けのあるリビングは階段をアクセントに

グレーでまとめた空間に、スチール製のリビング階段がアクセント。フロアタイルもグレーで統一（anneii._____邸）

ソファ：大塚家具、照明「MODIFY」Panasonic、フロアタイル：東リ

# White 白

## 素材違いの白でまとめて繊細な表情を楽しむ

北欧スタイルを意識したホワイトインテリア。素材違いの白でコーディネート（etoile_mu邸）

ソファ：MOBILE GRANDE、ローテーブル：IKEA、ラグマット：エア・リゾーム インテリア、壁かけ照明：「Lampe de Marseille」NEMO

MOBILE GRANDE

名古屋モザイク工業

## 白タイル仕上げのアクセントウォール

壁の一面をタイルで仕上げて、リビングのアクセントに。タイル特有の質感で高級感をプラス（erika.12.09邸）

TV背面壁材：「CLIFF STONE」名古屋モザイク工業、クッションカバー：H&M HOME、壁かけ照明：「Lampe de Marseille」、スツール：「バタフライスツール」

## オープンスタイルの リビングダイニング

大型のソファはロータイプを選んで圧迫感を解消。LIXILのグレーのキッチンはインテリアに溶け込むデザイン（yi02qx邸）

ソファ：「LIZ」SPIGA、ローテーブル：BoConcept、床材：朝日ウッドテック、システムキッチン：LIXIL

part 1
今すぐ真似したい
リビングの
センスアップ
レシピ
75

Panasonic

## クリア塗装の
## 天然木が
## リビング全体を
## 温かく演出

手入れがしやすい突板仕上げのフローリングを採用。天然木の温かみで居心地のよいリビングに（mr.home___邸）

**床材**：「PLフロアー」Panasonic、**壁材・天井材**：リリカラ、**チェア**：「CH25（リプロダクト）」

# 差がつく！
# 褒められ素材

つい後まわしになりがちですが、壁・床・天井は
空間の大きなスペースを占める大切な要素。
素材にこだわることで、仕上がりがランクアップします。

### 石灰岩の色ムラが
### 上質な空間をつくり出す

ライムストーンが忠実に再現された高級感のある床材。どんな空間にもしっくりとなじむ（koquito3邸）

床材：「Beren」平田タイル、天井材「リアルパネル」NISSIN EX.、ソファ：「Amsterdam」BoConcept

平田タイル

BoConcept

### 深みのある色合いで
### シックなリビング空間に

ウッドブラインドとウォールナット材のフローリングで重厚感のあるコーディネートの完成（meme.d邸）

床材：「トリニティ」大建工業、壁材・天井材：リリカラ、ソファ：HUKLA、ブラインド：立川ブラインド、TVボード：永大産業

## 床材

大建工業

HUKLA

part 1
今すぐ真似したい
リビングの
センスアップ
レシピ
75

## タイル調の建材を
## アクセントウォールに

シンプルな白のクロスでまとめた吹抜けのあるリビング。壁の一部を「エコカラット」で仕上げて、さりげないアクセントに（shigehouse邸）

TV背面壁材：「エコカラット」LIXIL、壁材：「SD-1505」サンゲツ、床材：「ライブナチュラルプレミアム」朝日ウッドテック、ソファ：「COLUMBUS」関家具、TVボード：LOWYA

LIXIL

関家具

名古屋モザイク工業

## 壁材

### TVの背面はタイル仕上げに

壁かけTVのある一面のみ、タイル仕上げに。床材や家具と色のトーンを揃えて（ai_home_a邸）

TV背面壁材：「デンバーストン」名古屋モザイク工業、壁材・天井材：積水ハウスオリジナル、床材：「ライブナチュラルプレミアム」朝日ウッドテック、ソファ：NOYES、TVボード：LOWYA、カーテン：トレジュール

part 1
今すぐ真似したい
リビングの
センスアップ
レシピ
75

LIXIL

KARIMOKU CASE

### 壁の素材を変えて
### 空間にメリハリをつくる

北欧インテリア×和をミックスしたジャパンディスタイルのリビング。一部の壁材を素材違いにして、空間のメリハリを楽しむ（hiraya_oshio邸）

壁材・天井材：積水ハウスオリジナル、TV背面壁材：「エコカラット ラフクォーツ」LIXIL、床材：アイオーシー、ソファ：「クロスタイムソファ」、ローテーブル：KARIMOKU CASE、チェア：「Yチェア」カール・ハンセン＆サン

住友林業クレスト

### やわらかな色合いの
### ウッドタイルを壁に採用

ウッドタイルを壁の一部に使用。やわらかな色合いのメイプル材のタイルをセレクトして、圧迫感のない仕上がりに（rin__noie邸）

TV背面壁材（ウッドタイル）：住友林業クレスト、壁材：リリカラ、床材：「うづくり」住友林業クレスト、ソファ：マスターウォール

LIXIL

## 素材違いの
## グレーで
## 床と壁を
## コーディネート

アクセントウォールに調湿建材を採用。フロアタイルのグレーと合わせて、モダンな印象を演出する（_____.rhm邸）

TV背面壁材：「エコカラット」LIXIL、床材：東リ、ソファ：moda en casa

NOYES

## アクセントウォールは
## ライトグレーのタイル仕上げ

ライトグレー×黒でまとめたリビング。壁かけTVのある壁面はタイル仕上げで、目地も薄いグレーに統一（ew.home.we邸）

壁材・天井材：サンゲツ、床材：「プリオスjapan」ikuta、ソファ：「Decibel Traditional」NOYES、TVボード：永大産業

part 1
今すぐ真似したい
リビングの
センスアップ
レシピ
75

ケイミュー

## コンクリート材の
## アクセントウォール

すっきりとした印象のコンクリート壁材にウッド材の縦格子を合わせ、リビングのアクセントに（__nn.home邸）

テレビ背面壁材：「フィエルテ」ケイミュー、天井材：「SPシリーズ」サンゲツ、床材：「ラシッサDフロア」LIXIL

LIXIL

## 「エコカラット」の質感で
## 高級感をプラス

TVの背面は、調湿効果も備えた壁材を採用。上品な色合いとマットな質感で、無垢材の床もモダンな雰囲気に（ya____home邸）

TV背面壁材：「エコカラット」LIXIL、壁材：サンゲツ、床材：国産ナラの挽板

# ジャパンディスタイルを包む
# やさしいグレーのクロス

グレーのクロスとウッドブラインドを組み合わせて、やさしい印象のジャパンディスタイルを演出（ico_home.dh邸）

壁材：サンゲツ、リリカラ、床材：「ライブナチュラルプレミアム」朝日ウッドテック、ソファ：「Angelo」songdream、照明：「Astre」

songdream

part 1
今すぐ真似したい
リビングの
センスアップ
レシピ
75

## 木材の温かみを天井にしつらえ、心地よい空間に

素材感が美しい無垢材を天井の一部に採用。温かみのある色合いで、居心地のよいLDKを演出している（mofu__home邸）

天井材：「the wall hemlock」朝日ウッドテック、ソファ：FINE KAGU、ダイニングテーブル：kitchenhouse、ダイニングチェア：「danis short arm chair」a.depeche

朝日ウッドテック

a.depeche

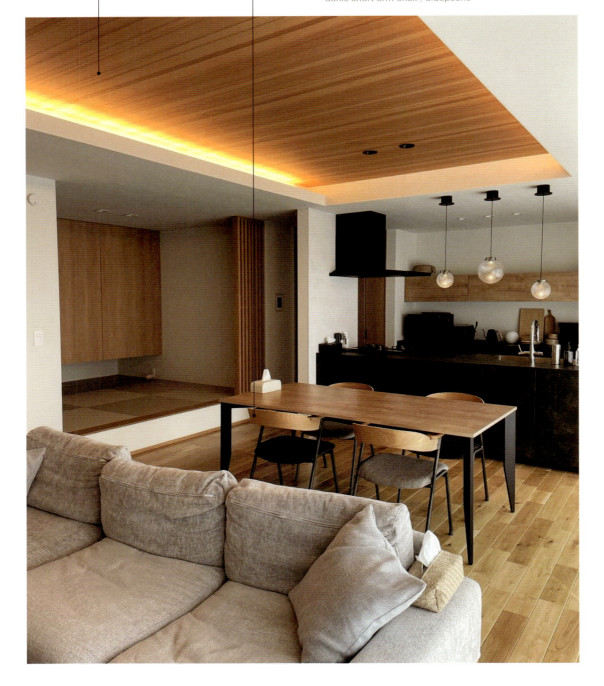

# 天井材

## 現し梁と障子でつくる和モダンなリビング

構造材をあえて見せる現し梁の天井。45cm間隔で梁を入れ、クリア塗装仕上げに（rin__noie邸）

天井材：現し梁、壁材：リリカラ、床材：住友林業クレスト、ソファ：マスターウォール、ダイニングテーブル：kitchenhouse、ダイニングチェア：「クラウンチェア」柏木工

kitchenhouse

part 1
今すぐ真似したい
リビングの
センスアップ
レシピ
75

大建工業

## ライトグレーでまとめて
## 柄入りの天井材をプラス

無地のグレーの壁に、薄いグレーのチェッカー柄を組み合わせた天井。個性的な黒の照明がアクセントに（nk__hooome邸）

天井材：「クリアトーン」大建工業、壁材：サンゲツ、床材：永大産業、照明：「ベルティゴペンダントライト（リプロダクト）」、TVボード：LOWYA

LOWYA

リリカラ

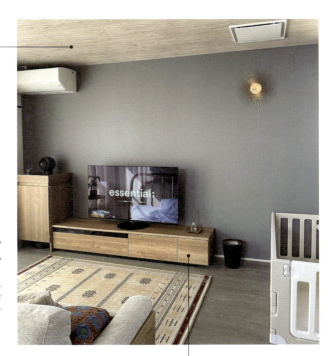

LOWYA

### グレーの壁＆床に木目調の天井材を

天井には木目調のクロスを採用。壁とフローリングのグレートーンに温かみをプラス（hanachan＿＿＿3邸）

天井材・壁材：リリカラ、床材：「スキスムTフロア」永大産業、TVボード：LOWYA、ラグマット：unico

モリアン

### 無垢のスギ板を勾配天井の仕上げ材に

無塗装のスギ材を天井材に。上品なグリーンのクロスやオーク材のフローリングとコーディネート（chiko__no_ie邸）

天井材：「薫る艶杉パネリング」モリアン、壁材：「モリス ヘリテージカラーズ」リリカラ、床材：佐藤工業

part 1
今すぐ真似したい
リビングの
センスアップ
レシピ
75

# ひと味違う このコーナー

自分の「スキ」を詰め込んだ、ゆっくり過ごせる
お気に入り空間があれば、家の快適度はさらにアップ。
ごろりとくつろぎたくなる癒し空間をご紹介します。

## お気に入りだけを組み合わせたミニコーナー

アートフレームを中心に、お気に入りのローテーブルやチェアを組み合わせてリラックスコーナーが完成（etoile_mu邸）

チェア：「Safari Chair」、ラグマット：エア・リゾームインテリア

## デッドスペースを
## ギャラリー風コーナーに

棚とアートフレームを組み合わせたミニギャラリー。日が落ちてからイサム・ノグチの照明「AKARI」をつけると、さらに印象的なコーナーに（y.myhome.m邸）

棚：IKEA、スタンド照明：「AKARI」イサム・ノグチ

IKEA

## お気に入りの雑貨が
## 映える収納キャビネット

北欧ヴィンテージのテーブルに色合いを合わせた収納キャビネットとシェルフは、ディスプレイにぴったり（casa_omame邸）

ダイニングテーブル・チェア：デンマークヴィンテージ、ダイニング照明：「PH 4/3 Pendant」ルイスポールセン

デンマークヴィンテージ

41

## 縦格子で
## 程よい距離感を演出

リビングの一角にある小上がりの畳コーナー。木材の縦格子を入れて、さりげなく空間を仕切っている（yo.to619邸）

床材：LIXIL、ソファ：「ROSET Togo」ligne roset、ラグマット：NITORI

ligne roset

## リビングから
## フラットにつながる
## 畳コーナー

L字型リビングの一角は、フラットにつながる畳コーナー。少し天井を低くして、こもり感を演出（hiraya_oshio邸）

壁材・天井材：積水ハウスオリジナル、壁材：「エコカラット ラフクォーツ」LIXIL、床材：アイオーシー

LIXIL

## ベンチタイプのヌックが
## くつろぎコーナーに

本を読んだり、子どもが遊んだりといろいろな過ごし方が楽しめるヌック。専用の小さな明かりで居心地のよさもアップ（n___noie邸）

床材：朝日ウッドテック、壁かけ照明：千sen、スタンドライト：「AKARI」イサム・ノグチ

千sen

オルネ ド フォイユ

## 程よい個室感でくつろげるヌック

ベージュでまとめた2階セカンドリビング横のヌックは、床から少し高くしつらえて空間にメリハリをつける（m.atelier_home邸）

壁かけ照明：オルネ ド フォイユ

KOIZUMI

## 隠れ家風のヌックで
## お昼寝を楽しんで

天井の低いヌックは、隠れ家感たっぷり。薄手のマットを敷いているので、お昼寝や読書におすすめ（leesaa_house邸）

壁材・床材：積水ハウスオリジナル、床材：「ライブナチュラルプレミアムモーメント」朝日ウッドテック、壁かけ照明：KOIZUMI

43

### すっぽり収まるカウンターは共有スタディコーナー

ダイニングの一角にカウンターを設置。宿題をしたり、PCを使ったりできるスタディコーナー（sakura_noie邸）

ダイニングテーブル・ダイニングチェア：「CIVIL」柏木工、ダイニング照明：「明星」FUTAGAMI、カウンターチェア：「MASTERS」Kartell、収納キャビネット：「ラクシーナ」Panasonic

a.depeche

## 気軽に使える
## ミニソファコーナー

折りたたみのベッドマットをソファ代わりに。壁かけランプのシェードカバーはハンドメイド。ほっこり癒しのお気に入り空間が完成（aco__m.a__邸）

壁かけ照明：a.depeche

つむぎ商會

## カラフルな椅子を
## 並べたくなるカウンター

リビングの窓辺にカウンターでつくったスタディコーナー。小さなお子様がいる家庭にもおすすめ（sai_home_320邸）

ペンダントライト：「glass lamp」つむぎ商會、スタンドライト：「Soft Spot Portable Lamp」ROSENDAHL、スタンドライト（床置き）：「MAYDAY」FLOS

45

part 1
今すぐ真似したい
リビングの
センスアップ
レシピ
75

### 存在感たっぷりの
### ソファを部屋の
### 中心に配置

吹抜けのある開放的な空間で存在感を放つソファは、songdreamの「otto」。黄色のクッションをアクセントに（＿＿cacao＿＿ismart邸）

ソファ：「otto」songdream、TVボード：「GIRAFFA」songdream、床材：「ライブナチュラルプレミアム」朝日ウッドテック

# 買ってよかった！
# 〝沼る〟ソファ

リビングの主役といえば、何といってもソファ！ 大きな買い物なので、悩む方も多いはず。見惚れる、くつろぎたくなるソファを集めました。

### 空間にすっきりなじむ
### ローソファ

ローソファは、圧迫感を抑えて部屋を開放的に演出。オークの脚や背板でナチュラルな印象に（k＿＿＿co_home邸）

ソファ：「DAY SOFA」MOMO NATURAL、壁材：サンゲツ、床材：「銘木フロアーラスティック」ikuta

MOMO NATURAL

## 天井の高い リビングなら 大型ソファもすっきり

人気のグレージュカラーでまとめたリビング。ソファの片端はアームレスで、すっきりと見せている（onesail13邸）

ソファ・ローテーブル：moda en casa、ラグマット：ZARA HOME、床材：「トリニティ」大建工業

moda en casa

### ひとり掛けソファで
### つくる特別コーナー

サイドテーブルとグリーンの鉢を並べてスペシャル感を演出。格子のついたフェイク窓風のミラーもポイント（ruu.home___邸）

パーソナルチェア：「Modena」BoConcept、ローテーブル：BoConcept

BoConcept

### シンプルでどんな
### テイストにも合うソファ

さりげない存在感で空間をセンスアップする、KARIMOKU CASEのソファ。アームレストはサイドテーブルにもなる（n___noie邸）

ソファ：KARIMOKU CASE、床材：朝日ウッドテック

KARIMOKU CASE

BoConcept

### ソファ＋αで叶えた特別コーナー

ソファの他にフットスツールとサイドテーブルも同時にコーディネート。最高にくつろげるコーナーの完成（koquito3邸）

ソファ：「Amsterdam」BoConcept、ラグマット：「Ridge」BoConcept、フットスツール：「Bermuda」BoConcept、床材：「Beren」平田タイル

### 淡色トーンのクッションでまとめて
色や形の違うクッションでインテリアを楽しんで。オットマンの代わりに「プフ（クッションスツール）」をプラス（ai_noie_o邸）

ソファ：FLANNEL SOFA、壁材：リリカラ、床材：朝日ウッドテック、フレーム：THE POSTER CLUB

FLANNEL SOFA

part 1
今すぐ真似したい
リビングの
センスアップ
レシピ
75

心石工芸

## 2台のソファで
## レイアウトを楽しむ

シーンに合わせ、ソファ＋カウチソファを組み合わせればリビングの過ごし方も多様に。家族の団らんにも来客時にも活躍（koko_home_1227邸）

ソファ：心石工芸、ローテーブル・プフ：フリッツ・ハンセン、クッション：心石工芸、フリッツ・ハンセン

## 床座に近いスタイルで
## くつろぎ感もアップ

ロングセラーの「ROSET Togo」は、床座感覚でくつろげるソファ。足元には肌触りのよいラグマットを敷いて（yo.to619邸）

ソファ：「ROSET Togo」ligne roset、ラグマット：NITORI、床材：LIXIL

## キャメル色のソファで
## やわらかな表情の空間に

キャメルのレザーソファは、どんなインテリアとも好相性。季節や行事に合わせて、クッションでイメージチェンジ（shigehouse邸）

ソファ：「COLUMBUS」関家具、床材：「ライブナチュラルプレミアム」朝日ウッドテック

MOBILE GRANDE

## ナチュラル空間をつくる
## ベージュのグラデーション

白からベージュのトーンでまとめたリラックス空間。レース越しの自然光で、さらにナチュラルな雰囲気を演出（etoile_mu邸）

ソファ：MOBILE GRANDE、ローテーブル：IKEA、壁かけ照明：「Lampe de Marseille」

## マットな白のソファで
## 空間をやさしい印象に

やわらかな質感ながらスマートなデザインのソファ。黒のラウンドテーブルがアクセントに（＿＿＿.rhm邸）

ソファ：moda en casa、ローテーブル：「SLIT TABLE」HAY、フロアタイル：東リ

## シンプルデザインの
## カウチソファ

家族でリラックスして過ごす時間にぴったりなカウチソファ。クッションもベージュトーンでまとめた（__harusanchi____邸）

ソファ：ファミーユ、床材：朝日ウッドテック

### 奥行きもたっぷりのソファベッド

ソファベッドとしても使える奥行99cmのソファ。ラグマットも同系色で揃え、肌寒い季節でも快適なリビングに（ma_home0211邸）

ソファ：「SODERHAMN」IKEA、ラグマット：ZARA HOME、ローテーブル：「ADDAY」unico

## ワイドサイズのラグと
## 組み合わせて

ざっくり感のあるラグと相性のよいシンプルソファ。背後の畳スペースとメリハリをつけた空間に（misaki__home邸）

ソファ：「Asti」ARMONIA、ラグマット：dinos、床材：「ライブナチュラルMRX 2P」朝日ウッドテック

part 1
今すぐ真似したい
リビングの
センスアップ
レシピ
75

IKEA

**曲線を描くランプが空間の印象を一新**

やわらかなアーチを描くフロアライトが、ソファまわりをやさしく照らすリビング。夜の時間がさらに楽しくなる（kana_no_house邸）

スタンド照明:「SKOTTORP」IKEA、壁つけ照明:大光電気、ソファ:「MODULE」FORMAX、ラグマット:「VINDUM」IKEA

# これであか抜け！
# リビング照明

リビングインテリアの仕上げに加えたいのが照明。
メインの照明を落とし、やわらかなライトの光で照らせば、
お気に入り空間がさらに心地よくなります。

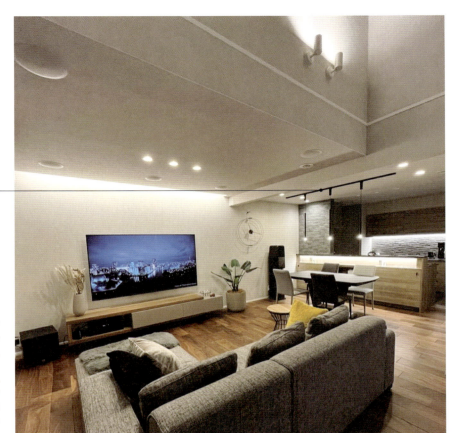

大光電機

## 複数の照明を組み合わせて光を調整する

ダウンライトとスポットライト、ペンダントライトを設置して、あかりを自由に調整できるリビングダイニング（__cacao__ismart邸）

ダウンライト：Panasonic、ペンダントライト：大光電機、ソファ：「otto」songdream、TVボード「GIRAFFA」songdream

## 淡い光の中で過ごす贅沢な夜の楽しみ方

ぼんやりした光を楽しむための贅沢なライト。ソファは2.5人掛けタイプ（ruu.home___邸）

ソファ：「PIVO」FLANNEL SOFA、ローテーブル：BoConcept、床材：「サニーアート ソリッド調」大建工業

FLANNEL SOFA

part 1
今すぐ真似したい
リビングの
センスアップ
レシピ
75

ODELIC

## モダンな空間に
## 間接照明をプラス

床材にタイルを採用することで、モダンな空間を強調。夜は間接照明のやわらかな光で、リラックスモードに（_____.rhm邸）

照明：ODELIC、ソファ・ローテーブル：moda en casa、床材：ダイナワン

moda en casa

Secto Design

## 夜の時間が楽しくなる
## 間接照明のテクニック

ライトの光をあえて壁に向ける間接照明で、さらに心地よいリビングに。ゆったり過ごしたい夜におすすめ（home_hakuhaku邸）

ペンダントライト：「Atto 5000」Secto Design、ソファ：「ROSA SOFA」ALGORHYTHM、ローテーブル：「Chiva」BoConcept

ALGORHYTHM

やわらかな光でリラックス効果もアップ
折り上げ天井に間接照明を設置。光源が直接視界に入らないため、温かみのある落ち着いた空間に（m.sumirin邸）
間接照明：大光電機、ソファ：「KASTOR」HUKLA、ローテーブル：「Embrance Lounge Table」カール・ハンセン＆サン

part 1
今すぐ真似したい
リビングの
センスアップ
レシピ
75

### ペンダントライトで
### ナチュラルテイストに

カウンターデスクにナチュラルスタイルの
ペンダントライトをつけるだけで、コーナーが独立した印象に（m.atelier_home邸）

壁材：漆喰、ダイニングテーブル・ダイニングチェア：unico

unico

### いくつあっても楽しい
### ミニサイズの照明

ペンダントライトやミニライトなど、小さな照明をリビングのあちこちに置けば、ナイトタイムが楽しみに（sai_home_320邸）

デスクランプ：「Meridian Lamp」ferm LIVING

ferm LIVING

飛騨産業

## 家じゅうあちこちから
## 光がこぼれるリビング

TVボードの横やカウンターなど、随所に
照明を配置すれば、大小さまざまな光が
楽しめるリビングに（uri__home邸）

ソファ：飛騨産業、床材：住友林業クレスト

Column **1**

家づくり経験者のフォロワーさんに聞きました！

# 予算の成功&失敗

## 予想外の出費に備えて
## あらかじめの準備を

　実際に家づくりを体験した方に伺ってみると、予想外の諸費用や想定外の工事で予算オーバーしてしまうケースが多いようです。諸費用とは、土地購入にかかる仲介手数料や登記費用、住宅ローンを利用する際の手数料、建築に関する登記費用や地盤補強費用など。一般的に土地＋建物価格の10〜12％が必要と言われているので、あらかじめ確保しておきましょう。また、見積もりの段階で外構費が含まれているかのチェックも忘れずに！

| これで失敗…！ 予算オーバーの原因 ||
|---|---|
| 1位 | 諸費用 |
| 2位 | 想定外の工事費 |
| 3位 | 外構工事費＆植栽 |
| 4位 | 入居後の出費 |
| 5位 | 設備選び |

### Real Voice

土地とハウスメーカーの手付金が200万円かかりました

入居後の家具。収納ボックスやキッチンの収納道具など、全部揃えたら結構な金額でした

行政書士さんへお支払いした諸費用。家を建てたのが市街化調整区域だったので、手続きにお金と時間がかかりました

ローンの手数料。ペアローンなので2人分……！

建売りを購入した時に指定の不動産しか取り扱いがなく、仲介手数料に100万円近くかかりました

地盤改良費、土地の分筆と登記費用、既存建物の解体費などで合計500万円

「おそらく地盤改良は不要です」と言われていましたが、結局必要に。80万円かかりました

敷地内同居でしたが、新規に水道の引き込みが必要となり、70万円かかりました

風致地区だったので、緑地率20％分の植栽が必要に

外構工事が少なく見積もられていて、その予算では最低限しかできないことに終盤で気づきました

外構について失念していて、予算を取っていませんでした…

勝手口の設置はけっこう高かったのに、ほとんど使っていません

## 賢くコスト調整するために
## 情報収集を怠らず！

　予算オーバーを防ぐためには、見積もり段階のコスト調整が大切。スタート段階では「アレが欲しい！」「この設備も入れたい！」と夢がふくらみますが、一度立ち止まり、「本当にコレは必要なのかな？」と冷静に考えてみましょう。家づくり経験者の方からよく聞かれるのが、「事前勉強・情報収集が大事！」という声。家づくりの書籍やInstagram、YouTubeなどのSNSを参考に最新情報の確認が必要です。

### わが家は「コレ」で コストダウンしました

| | |
|---|---|
| 1位 | 無駄な設備をなくす |
| 2位 | 情報収集 |
| 3位 | 施主支給 |
| 4位 | 設備のランクを落とす |
| 5位 | 間取りの無駄をなくす |

## Real Voice

事前勉強です。勢いだけではダメ……。私はYouTubeで2年間勉強しました

契約前に最低限、水まわりのショールームはまわる

収納扉はやめてロールスクリーンにしました！結構な減額になりました

設備は自分でカタログもチェック。例えば同じ食洗機でも、色違いを選ぶと2万円ぐらい下がることも

トイレとお風呂の窓はつけていません。ベランダもつくりませんでした

設備が自分たちの暮らしのオーバースペックにならないかを考え、最低限にしました

オープンクローゼットにしました！扉をなくすだけでも、かなりコストダウンになります

いらない窓はなくす！または小さくする！

施主支給は必須！お気に入りを自分で選ぶと愛着も倍増です

窓とドアを減らして、室内扉は垂れ壁にしました

### Column
## 住宅ローンは 変動派 vs 固定派 どっちが正解!?

**変動派**

金利はまだ上がらないと思う。金利が上がる前に逃げ切れると思っているのでわが家は変動派

大手のネット銀行から変動金利0.4％未満で借りました。金利が上がらない数年間だけでもこの金利で返済する方がおトクだと思う

**固定派**

以前、変動金利で借りましたが、金利が上がると大変でした。固定金利はずっと変わらないからラクです

10年固定が変動と同じ金利だったので、固定で借りました！変動の方が金利が低ければ、変動で借りてます

# Part 2

# 家事が楽しくなる
# DKの
# センスアップレシピ
# 75

家族が毎日テーブルを囲むダイニングキッチン。
わが家のスタイルにぴったりなインテリアなら、
日々の食事がもっと楽しくなり、さらに会話も弾みます。
設備も、色も、素材もこだわった空間をご紹介します。

part 2
家事が楽しくなる
DKのセンスアップ
レシピ
75

ODELIC

Panasonic

# 憧れキッチン
人気のテイスト
## Best3

素敵な家の、あのキッチンはどこのメーカー？
照明や水栓、壁材や天井材までこだわりたい！
思わず真似したくなる、素敵なキッチンを集めました。

### フローティングタイプの
### キッチンカウンター

フルフラットなキッチンカウンターは、床から
浮いて見えるフローティングタイプで空間全
体に軽やかな印象を演出（＿＿nana.＿＿邸）

システムキッチン：「ラクシーナ」Panasonic、照明：
ODELIC、壁材・天井材：リリカラ、床材：「コン
ビットリアージュ」ウッドワン

# Simple
シンプル

Panasonic

KOIZUMI

## 白×ウッド材で
## カジュアル感を出す

天板は白、側面はウッド調のキッチンカウンターはカジュアルな雰囲気。アクセントウォールで自分のスキを演出（__harusanchi____邸）

システムキッチン：「ラクシーナ」Panasonic、照明：KOIZUMI、壁材：サンゲツ、床材：朝日ウッドテック、ダイニングチェア：NITORI

タカラスタンダード。

クリナップ

## ディスプレイコーナーを充実させる

背面キャビネットの上の棚板やカウンター、ニッチがおしゃれなディスプレイスペースに。色は雑貨が映えるグレーをセレクト（k____co_home邸）

システムキッチン・カップボード：「オフェリア」タカラスタンダード、照明：CTSH、壁材：「アラベスカート」サンゲツ、床材：「銘木フロアーラスティック」ikuta、ダイニングテーブル：NAUT

## 腰壁で手元をさりげなく目隠し

カウンターを立ち上げて、手元を目隠しした対面スタイルのキッチン。扉のないパントリーは物が取りやすく、日々の家事もスムーズに（_maya_ie_邸）

システムキッチン：「ステディア」クリナップ、照明：KOIZUMI、壁材：トキワ、床材「ラシッサDフロア」LIXIL、天井材：リリカラ

ODELIC

タカラスタンダード

## メラミン素材で いつも キレイをキープ

カウンターの面材は艶が美しく、掃除もしやすいメラミン化粧板をセレクト。スリット窓で明るいキッチンに（fab.house_r2邸）

**システムキッチン・カップボード**：「オフェリア」タカラスタンダード、照明：ODELIC、壁材：サンゲツ、床材：ikuta

大光電機

## 収納力のある カウンターで 空間をすっきり

キッチンカウンターの前面に設けた扉つき収納。雑多になりがちなダイニング周辺をすっきり見せる（neige__123邸）

**システムキッチン**：「ザ・クラッソ」TOTO、照明：大光電機、カップボード（壁面）：「METOD」IKEA

TOTO

part 2
家事が楽しくなる
DKのセンスアップ
レシピ
75

Panasonic

### 大人数で囲むのも楽しい
### キッチン＆ダイニング

ワイドサイズのアイランド型キッチンは、来客時にも大活躍。ペンダントライトでリズミカルな印象を演出（＿＿＿ri_home邸）

システムキッチン：「ラクシーナ」Panasonic、カップボード：Panasonic、照明：Berka、ダイニングテーブル：a.depeche、ダイニングチェア：a.depeche、「Yチェア（リプロダクト）」

ACME Furniture

### 小物にこだわるアメリカン
### ヴィンテージスタイル

対面式のキッチンは、ウッド材の壁ですっきり目隠し。ハイスツールを置いてバーカウンター風に（chee.＿＿.se邸）

照明：ACME Furniture、カップボード（扉）：LIXIL、床材：ikuta、スツール：CRASH GATE

# Natural
ナチュラル

タカラスタンダード　名古屋モザイク工業

## タイルで見せる北欧スタイル

ナチュラルなキッチンに、白のタイルがさりげないアクセント。半造作のウッド調背面収納が温かみをプラス（snt_k.home邸）

システムキッチン：「オフェリア」タカラスタンダード、カップボード「オフェリア（天板を造作）」タカラスタンダード、照明：「PH5」ルイスポールセン、壁材：「CHEVRONWALL」名古屋モザイク工業、床材：「ライブナチュラルMRX」朝日ウッドテック、ダイニングテーブル：「folk」Re:CENO

69

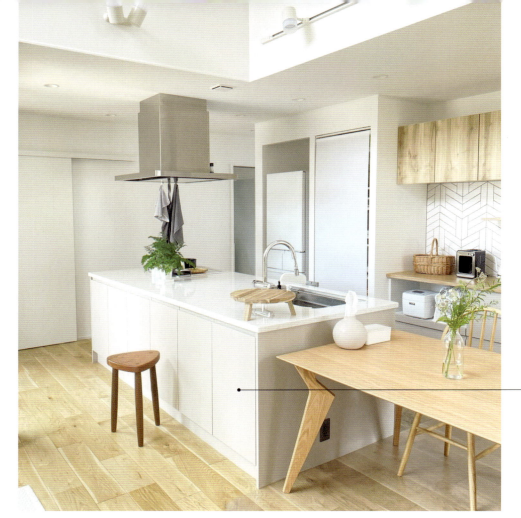

タカラスタンダード

## フラット天板の
## グレージュキッチン

ワイドサイズのキッチンカウンターは、グレージュをセレクトして圧迫感を解消。吹抜けのある空間でさらに開放的に（snt_k.home邸）

システムキッチン：「オフェリア」タカラスタンダード

## 吊戸棚をなくした
## オープンスタイル

サブウェイタイルの壁面に、雑貨をディスプレイできるオープンシェルフをプラス。天井の現しの梁がナチュラルな印象（m.atelier_home邸）

システムキッチン・収納キャビネット：「アレスタ」LIXIL

LIXIL

## 白タイル仕上げでつや感をプラス

グレーカラー×ウッド材で落ち着いた雰囲気にまとめたキッチンは、白のサブウェイタイルでカジュアル感をプラス（misaki__home邸）

システムキッチン：「オフェリア」タカラスタンダード、ペンダントライト：「Above」ルイスポールセン、床材：「ライブナチュラルMRX 2P」朝日ウッドテック、ダイニングテーブル：THE DAY STACK

朝日ウッドテック

kitchenhouse

## レッドシダーの天井と
## グレーのカウンター

ダークグレーのキッチンカウンターと板張り天井で、高級感あるキッチンに。器も食材も映えるコーディネート（uri__home邸）

システムキッチン・カップボード・ダイニングテーブル：kitchenhouse、レンジフード：TAJIMAレンジフード、照明：&Tradition、天井材：朝日ウッドテック、ダイニングチェア：「Yチェア」カール・ハンセン＆サン

カリモク家具

## 木目で揃えて
## 統一感ある空間に

インパクトのあるペンダントライトで和モダンテイストのダイニングキッチンに（my.home.coma邸）

システムキッチン：「Lクラス キッチン」Panasonic、床材・天井材：Panasonic、ダイニングテーブル：カリモク家具

# Modern

## 自然素材でまとめた和モダンのDK

壁は珪藻土仕上げ、天井はスギ材、飾り棚は栗の無垢材と、自然素材でまとめたDK。空間の引き締め役は黒のキッチンカウンター（＿＿＿＿＿＿＿saki_ie＿＿＿邸）

システムキッチン：「リシェルSI」LIXIL、カップボード：「ALESTA」LIXIL、棚：無印良品、ダイニングテーブル＆チェア：LOWYA、照明：「Glo-Ball S2」FLOS

モダン

FLOS

LIXIL

part 2
家事が楽しくなる
DKのセンスアップ
レシピ
75

kitchenhouse

## ウッド材とも相性がよい
## モルタル調のカウンター

キッチンカウンターは、明るいモルタル調の色をセレクト。ざらりとした素材感は、無垢材とも相性◎（hiraya_oshio邸）

システムキッチン・カップボード、ダイニングテーブル：kitchenhouse、ダイニングチェア：MOMO NATURAL、照明：LE KLINT

## 北欧スタイルの
## アイテムをプラス

グレー×ウッドのやさしい色合いのダイニングキッチン。北欧デザインのGUBIの照明を並べてアクセントに（koquito3邸）

システムキッチン・カップボード・ダイニングテーブル：kitchenhouse、照明：「Multi-Lite Pendant」GUBI、レンジフード：ARIAFINA、床材：「Beren」平田タイル、天井材：「リアルパネル」NISSIN EX.

kitchenhouse　GUBI

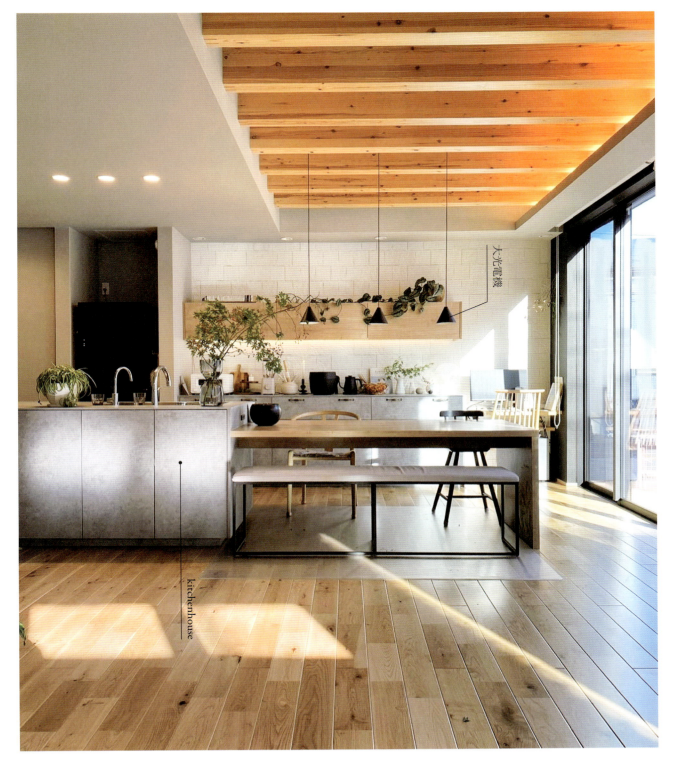

## 色数を抑えたアートや食材が映える空間

「アートが似合う空間」をコンセプトにした空間。色数を抑えたことで、グリーンや食卓の皿が際立つ（kinop.myhome邸）

システムキッチン・カップボード・ダイニングテーブル：kitchenhouse、ベンチ：「Londonラージベンチ」BoConcept、ペンダントライト：大光電機、壁材：「エコカラット」LIXIL

part 2
家事が楽しくなる
DKのセンスアップ
レシピ
75

## セラミック素材の
## ダイニングテーブルを主役に

シャープなデザインのテーブルを主役に、モダンなキッチンが完成。フィンランドのデザイン照明をアクセントに（home_hakuhaku邸）

システムキッチン・カップボード：クリナップ、照明：「Atto 5000」Secto Design、ダイニングテーブル：「TOKYO ceramic Dining table」Calligaris、ダイニングチェア：「connubia NEW YORK」

Calligaris
Secto Design

## グレートーンの空間に木目テーブルをプラス

壁、キッチンなどグレーのトーンを変えてコーディネート。明るい木目のテーブルが、軽やかさをプラス（onesail13邸）

システムキッチン・カップボード・ダイニングテーブル：kitchenhouse、ダイニングチェア：マスターウォール、床材：「トリニティ」大建工業

クリナップ

### 家具となじむ
### フラットなカウンター

オープンなキッチンは、家具の色と揃えて。
白×黒の2色に絞ってすっきりと見せる
（ruu.home＿＿邸）

**システムキッチン**：「ステディア」クリナップ、照明：KOIZUMI、ダイニングテーブル・チェア：東京インテリア

TOYO Kitchen

### 厨房ライクなステンレスのキッチン

アイランド型キッチンはミニカウンターつき。グレーの壁や
ナラ材のフローリングともマッチ（iiii_ihome邸）

**システムキッチン・レンジフード**：TOYO Kitchen

## 名作家具が並ぶダイニング

モダンな印象を決定づける照明。くすんだトーンのフローリング材が、名作ばかり並ぶダイニング家具を際立たせる（c＿＿＿life＿邸）

システムキッチン：「オフェリア」タカラスタンダード、カップボード：「グッドア」南海プライウッド、ダイニングテーブル：「CH002」カール・ハンセン＆サン、ダイニングチェア：「CH24」カール・ハンセン＆サン、「antchair」フリッツ・ハンセン、「66chair」アルテック、照明：「Cardinal」DI CLASSE

DI CLASSE

カール・ハンセン＆サン

### 季節の花がよく映える
### 淡色のキッチン

ペールトーンでまとめた空間。石目調の
キッチンパネルで仕上げた壁は、光の
当たり方で見え方が変わる（n___noie邸）

システムキッチン・ダイニングテーブル：
kitchenhouse、ダイニングチェア：「CH88P」
カール・ハンセン＆サン、照明：「Bullet」
NEW LIGHT POTTELY、床材：朝日ウッド
テック

kitchenhouse

ODELIC

### シックなグレーで
### すっきりまとめる

グレーでまとめたシンプルなキッチ
ンは、ペンダントライト「AQUA
Water」の光がより美しく映える
（shigehouse邸）

システムキッチン：「リシェルSI」LIXIL、
照明：「AQUA Water」ODELIC

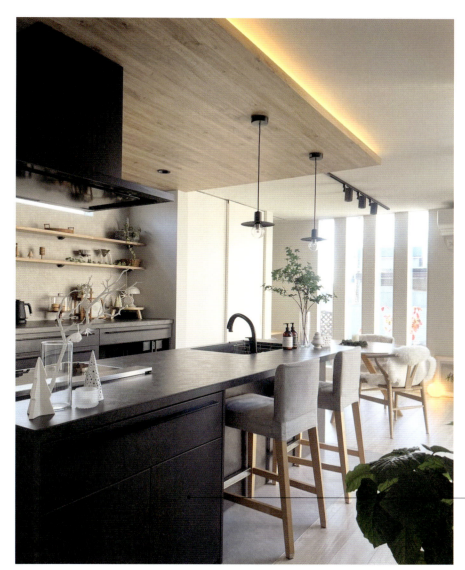

## 下がり天井で
## キッチンスペースを
## 特別な空間に

リビングダイニングと連続するキッチンは、ウッド材の下がり天井で空間にメリハリをプラス（yo.to619邸）

システムキッチン・カップボード：「リシェルSI」LIXIL、照明：Panasonic、ダイニングテーブル：HAY、ダイニングチェア：カール・ハンセン＆サン、壁材（キッチン背面）：サンゲツ、天井材（木目）：リリカラ

LIXIL

## 天井高を低くして
## リラックス感をアップ

吹抜けのあるリビングと連続するキッチンは、あえて天井高と色のトーンを落としてリラックス感あるスペースに（_____.rhm邸）

システムキッチン・カップボード：「リシェル」LIXIL、床材：東リ

LIXIL

part 2
家事が楽しくなる
DKのセンスアップ
レシピ
75

# 褒められ率100％！美配色

色の組み合わせで、ガラリと雰囲気が変わるキッチン。
人気が高い「淡色」「白」「黒」「グレー」でまとめた
素敵なキッチン事例をご紹介します。

### キッチンと色を合わせたテーブル

キッチンカウンターの天板とダイニングテーブルの色を合わせて一体感を出した。セラミックの天板は熱い鍋もそのまま置けて便利（n.k___home邸）

システムキッチン：「リシェルSI」LIXIL、カップボード：「ラクシーナ」Panasonic、ダイニングテーブル：綾野製作所、ダイニングチェア：GRENE、照明：大光電機

# Pale Tone

淡色

朝日ウッドテック

## 大型アイテムの
## カラーセレクトが
## 統一感の決め手

大型アイテムとなるレンジフードやカップボード、冷蔵庫のトーンが揃うと、統一感のあるキッチンに（__k.home_ 邸）

システムキッチン・カップボード：「リシェルSI」LIXIL、天井材：「the wall」朝日ウッドテック

LIXIL

綾野製作所

## 朝の光が
## やわらかく映える
## ライトブラウン

やわらかなライトブラウンで、やさしい雰囲気のキッチンに。レンジフードは存在感を抑える白をセレクト（ena_home_ 邸）

システムキッチン：「リシェルSI」LIXIL、レンジフード：「よごれんフード」LIXIL、天井材：ルノン

LIXIL

83

part 2
家事が楽しくなる
DKのセンスアップ
レシピ
75

YAMAGIWA

### 色のトーンを揃えた
### テーブルを造作

キッチンカウンターと1列に並べたテーブルは、配膳も片づけもスムーズ。淡色トーンで揃えて造作を依頼した（yi02qx邸）

システムキッチン・カップボード：「リシェルSI」LIXIL、ダイニングテーブル：造作、ダイニングチェア：「Princetonチェア」BoConcept、照明：「LAMPAS」YAMAGIWA

LIXIL

### ベージュトーンでまとめた
### 淡色コーデのキッチン

アッシュベージュのキッチンを基調にした淡色コーディネート。大きな木目のダイニングテーブルと相性も抜群（koto_noie邸）

システムキッチン：kitchenhouse、ダイニングテーブル：「HTS-EX」飛騨産業、壁材：積水ハウス、床材：マルホン

飛騨産業

### グレーの壁紙で
### 静謐さ漂うキッチンに

ライトグレーの壁紙が、ワンランク上のキッチン空間を演出。下がり天井は木目調のクロス仕上げ（ico_home.dh邸）

システムキッチン：kitchenhouse、壁材（背面タイル）：「Beren」平田タイル、天井材：リリカラ

kitchenhouse

## 個性的なタイル壁を空間のアクセントに

オープンなLDKは、キッチンサイドの壁だけタイル仕上げに。テーブルの天板は熱に強いメラミン素材（ai_noie_o邸）

システムキッチン：kitchenhouse、壁材：「エルサ」タイルパーク、リリカラ、床材：朝日ウッドテック、天井材（折下げ天井部）：サンゲツ、ソファ：FLANNEL SOFA

名古屋モザイク工業

## 天板をリメイクしてナチュラル感をアップ
奥行きのあるキッチンカウンターは、調理時に大活躍。ステンレスの天板を「壁紙屋本舗」の粘着シートでリメイク（aco__m.a__邸）

システムキッチン：ヘーベルハウスオリジナル、壁材：名古屋モザイク工業、水栓：APPASO、レール：「HULTARP」IKEA

# White 白

a.depeche

### ホワイトキッチンは
### 取っ手で「わが家らしさ」を

白のキッチン＆カップボードは、スライド収納の黒の取っ手がアクセント。レンジフードまで白で統一（_____ri_home邸）

システムキッチン・カップボード：「ラクシーナ」Panasonic、ダイニングテーブル：a.depeche、ダイニングチェア：a.depeche、「Yチェア（リプロダクト）」、照明：Berka、天井材：リリカラ

### 重厚感のある
### 人造大理石の
### 天板をプラス

白のカウンターにマットな人造大理石の天板の組み合わせ。壁は経年変化を演出する塗装仕上げで落ち着いた雰囲気に（M邸）

システムキッチン：「オフェリア」タカラスタンダード、照明：3RD CERAMICS、壁材：ヘイムスペイント、床材：ikuta

タカラスタンダード

part 2
家事が楽しくなる
DKのセンスアップ
レシピ
75

## 家具＆家電は黒で空間を締める

白×グレーのキッチンは、黒の小物を選んでアクセントに役立てる（_____er.s邸）

システムキッチン・カップボード：「ステディア」クリナップ、ペンダントライト：「Session-dining pendant」ART WORK STUDIO、壁紙：サンゲツ

## 収納力バツグンのホワイトキッチン

床から少し浮き上がったフローティングタイプのキッチンカウンター。キッチン背面には、吊り下げ棚とカップボードを設置。カウンター前面にも収納できて、いつも片づいたキッチンを実現（y.myhome.m邸）

---

システムキッチン・カップボード：「ラクシーナ」Panasonic、ダイニングテーブル：HAY、レンジフード：Panasonic

part 2
家事が楽しくなる
DKのセンスアップ
レシピ75

## Black & Gray
黒&グレー

### 大胆な黒のクロスでスタイリッシュに演出

黒のクロスにグレー×木目キッチンの組み合わせ。ARIAFINAのレンジフードがポイント（onesail13邸）

システムキッチン・カップボード：kitchenhouse、レンジフード：ARIAFINA、壁材：サンゲツ

kitchenhouse

kitchenhouse

## 存在感のある<br>カウンターを主役に

マットなダークグレーのカウンターはLDKの主役。電化製品やエアコンも、カウンターに合わせて黒で統一（risa46___邸）

システムキッチン・カップボード：kitchenhouse、レンジフード：ARIAFINA、照明：Panasonic、ダイニングテーブル：木蔵、ダイニングチェア：「セブンチェア」フリッツ・ハンセン

南海プライウッド

## 生活感を抑える<br>黒枠つきの<br>パントリーの戸

背面のパントリーは扉つき。来客時は黒枠の扉をさっと閉めれば生活感をすぐに隠せて便利（c____life_邸）

システムキッチン：「オフェリア」タカラスタンダード、カップボード：「グッドア」南海プライウッド

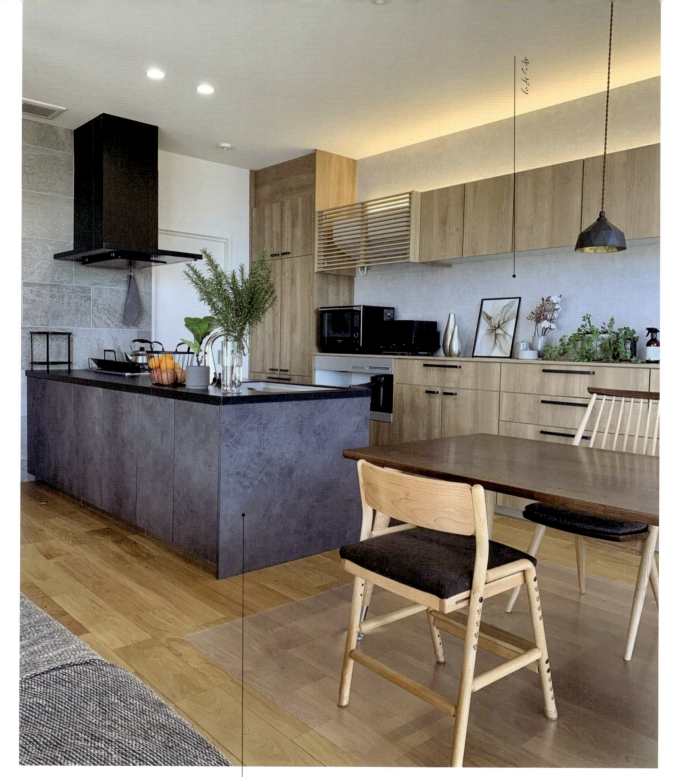

### グレーのクロスをアクセントウォールに

壁面にはライトグレーのクロスを採用。ウッド材のカップボードを組み合わせて、やわらかな空間を演出（sakura_noie邸）

システムキッチン：「Lクラス」Panasonic、カップボード：「ラクシーナ」Panasonic、壁材：サンゲツ、ダイニング照明：「明星」FUTAGAMI

## 黒のキッチンを主役に

ひと続きになったLDK空間の一角だけ床材をタイルに変えて、空間にメリハリを（meme.d邸）

システムキッチン・カップボード：「ステディア」クリナップ、レンジフード：「洗エールレンジフード」クリナップ、照明：Panasonic

クリナップ

## 会話がはずむ丸テーブルをキッチンの横並びに

直径120cmの丸いテーブルは、4人家族にぴったりのサイズ。「フリッツ・ハンセン」の照明で照らして（koko_home_1227邸）

システムキッチン：「セントロ」クリナップ、カップボード・ダイニングテーブル：造作、ダイニングチェア：カール・ハンセン＆サン、照明：フリッツ・ハンセン

クリナップ
フリッツ・ハンセン

part 2
家事が楽しくなる
DKのセンスアップ
レシピ
75

## 天井高で広い空間をさりげなく切り分ける

開放感あふれる吹抜けリビングからつながるキッチンは、天井高を抑えて落ち着いた雰囲気を演出。天井は無垢パネル仕上げ（rumyroom邸）

システムキッチン・カップボード：kitchenhouse、床材：「アーバンネイチャー」名古屋モザイク工業、天井材：「ヘムロック」マルホン、ダイニングテーブル：「CH337」カール・ハンセン＆サン

マルホン

名古屋モザイク工業

GRAFTEKT

## ライトグレーのカウンターは家具感覚でコーディネート

LDのインテリアともなじむ、マットなグレーのキッチン。シェルフを造作してディスプレイスペースに（uu.no_ouchi邸）

システムキッチン・カップボード：GRAFTEKT、レンジフード：富士工業、シェルフ：造作

part 2
家事が楽しくなる
DKのセンスアップ
レシピ
75

LIXIL

# アクセントの決め手は壁材にあり！

美しい光沢を放つ
タイル材を
キッチンの壁面に

壁をタイルで仕上げた和モダンキッチン。光が当たるとメタリックな光沢が際立ち、美しいキッチン空間を演出（rin__noie邸）

システムキッチン・システムキャビネット：kitchenhouse、壁材：「メタルスタッコ」LIXIL、レンジフード：TAJIMAレンジフード

「わが家」らしいキッチンをつくりたいなら、
壁材を変えて、空間のアクセントにするのがおすすめ。
色や素材で変化をつけて、コーディネートを楽しんで。

## 淡い色合いが調和して
## くつろぎスペースに

カップボードやテーブルともしっくりなじむ、グレージュのタイルをキッチン壁面に採用。汚れにくいのも◎（ico_home.dh邸）

壁材（背面タイル）：「Beren」平田タイル、天井材：リリカラ

平田タイル

## ざらりとした質感の
## アクセントクロス

壁面にはやわらかなベージュのクロスを採用。カップボードの天板の白タイルと組み合わせて、ナチュラルな印象に（home.280.yai邸）

壁材：シンコール、シェルフ：ウッドワン、サービングスタンド：IKEA、キッチンペーパーホルダー：「Creamore Mill」

シンコール

サンゲツ

## マーブル模様の壁でシックなキッチン空間に

大理石調のタイルを壁面に使用して、シックな印象に。ベージュのカップボードやテーブルとも美しく調和している（k____co_home邸）

カップボード：「オフェリア」タカラスタンダード、壁材：「アラベスカート」サンゲツ、ダイニングテーブル：NAUT、照明：CTSH

97

part 2
家事が楽しくなる
DKのセンスアップ
レシピ
75

### テーマカラーを印象づける黒のクロス

黒を基調にしたキッチンは、壁も黒のクロス仕上げ。無垢材仕様のカップボードと合わせてモダンな印象に（onesail13邸）

カップボード：kitchenhouse、壁材：サンゲツ

サンゲツ

### グレーのグラデーションで上質のキッチン空間を

ライトグレーの背面タイルと、グレーのキッチンの組み合わせ。汚れも目立ちにくく、上質な空間を演出（kayo__home邸）

キッチン：GRAFTEKT、レンジフード：TAJIMAレンジフード

KOIZUMI

### 白タイルで仕上げてカジュアル感アップ

白のサブウェイタイルで仕上げて、爽やかな雰囲気に。家電は黒で揃えてコントラストを楽しんで（mr.home___邸）

カップボード：「オフェリア」タカラスタンダード、照明：KOIZUMI、棚：造作

GRAFTEKT

平田タイル

## タイルの質感で高級感あるキッチン空間に

石目調の大判タイルを壁に採用。どっしりとした質感が、キッチン空間をランクアップ。黒のキャビネットとも好相性（n.mugi_home邸）

システムキッチン・カップボード・ダイニングテーブル：kitchenhouse、壁材：「Wales」平田タイル、ダイニングチェア：「Nagi」富士ファニチア、照明：「ネルソン バブルランプ」

平田タイル

## 素材感を楽しむシンプルキッチン

グレーの大判タイルを、キッチンの壁面に。シンプルデザインのキッチンに、タイルの凹凸感が豊かな表情をプラス（anneii._____邸）

システムキッチン：「Lクラス」Panasonic、壁材：「Gubi」平田タイル

part 2
家事が楽しくなる
DKのセンスアップ
レシピ
75

# 息を呑むほど美しい……
# 見惚れる高級感

### 素材感にこだわって調和のある空間をつくる

一つひとつのアイテムを丁寧に揃えることで、高級感のあるキッチンに。壁面には大理石調のタイルを採用（ayagram_home邸）

システムキッチン・カップボード：「Lクラス」Panasonic、カップボード：ヘーベルハウス、壁面（タイル）：「グラムストーン」LIXIL、照明：「Mega Bulb」& Tradition

キッチンの機能性だけでなく、壁・床の素材感、空間全体のデザイン、すべてがこだわり抜かれたあこがれのキッチンを集めました。

Panasonic

100

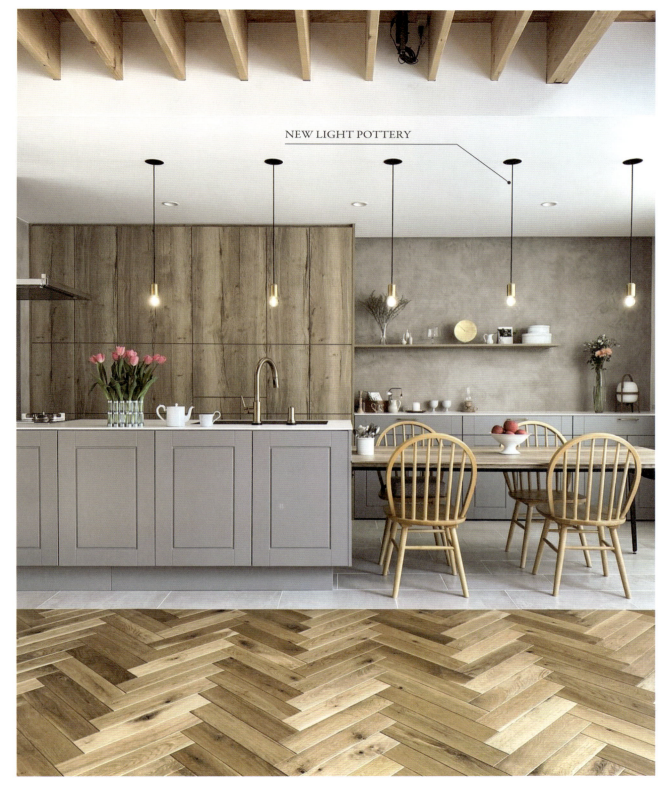

## インダストリアルな素材をセレクト
ヘリンボーン張りのフローリングが木のぬくもり感を強調。壁はコンクリート調のモールテックス仕上げ（harukanako_邸）

システムキッチン・カップボード・ダイニングテーブル：kitchenhouse、水栓：DELTA、照明：NEW LIGHT POTTERY、壁材：モールテックス

## 間接照明で新しい表情を引き出す
作業する手元を隠して、生活感をシャットアウト。間接照明で夜の時間が楽しみになるダイニングスペースに（__cacao__ismart邸）

システムキッチン：「グレイスキッチン」一条工務店、カップボード：「グレイスカップボード」一条工務店、照明：Panasonic、ダイニングチェア：「CAPULET chair」moda en casa、床材：「ライブナチュラルプレミアム」朝日ウッドテック、天井材：サンゲツ

## アンティーク調のムラのある塗装がぬくもりをプラス

かすれた風合いの塗装が、ナチュラルな印象のキッチンカウンター。天板やカップボードもウッド調でまとめて（chiko__no_ie邸）

**システムキッチン・カップボード**：kitchenhouse、**照明**：「madeleine」flame、**壁材**：サンゲツ、**床材**：朝日ウッドテック

kitchenhouse

part 2
家事が楽しくなる
DKのセンスアップ
レシピ
75

## 調理しながら視線が外へと向かうキッチン

キッチンに立つと大きな開口から内庭が広がり、目前の吹抜けも開放的な雰囲気。ライトアップも楽しいキッチン（harukanako_邸）

システムキッチン・カップボード：kitchenhouse、床材：名古屋モザイク工業

kitchenhouse

## 和と北欧をミックスしたジャパンディスタイル

ダイニングはあえて不揃いのチェアを並べてラフな雰囲気に。チェアや照明はキッチンと色を揃えて人気のジャパンディスタイルに（kayo__home邸）

システムキッチン・カップボード・ダイニングテーブル：GRAFTEKT、ダイニングチェア：「Yチェア」カールハンセン＆サン、チェスカチェア（リプロダクト）、照明：「トルボー」ルイスポールセン、床材：サンゲツ、天井材：「リアルパネル」NISSIN EX.

GRAFTEKT

GRAFTEKT

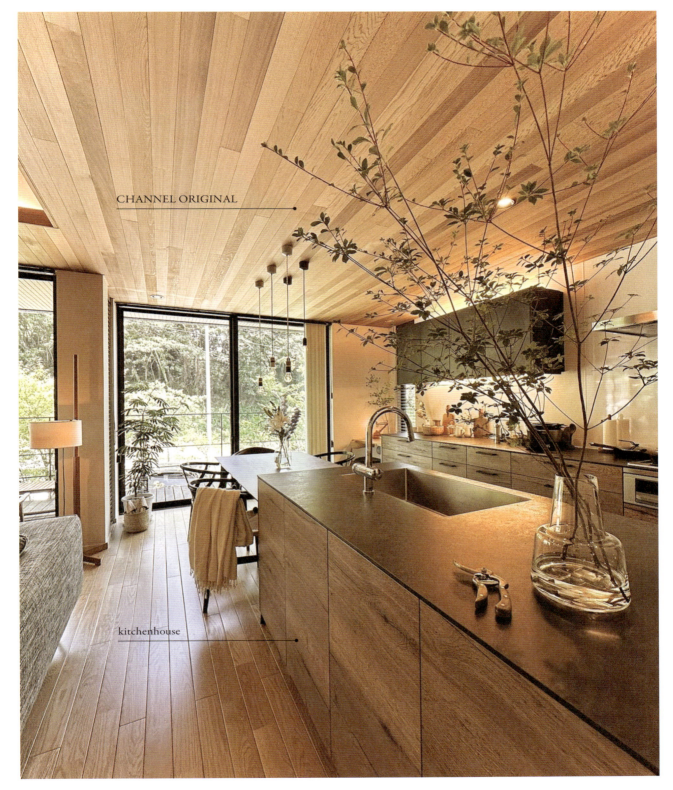

## 木のぬくもりでやさしい空間を演出

天井・床・キッチンを木の素材で統一することで、空間全体に一体感を演出。いつもホッとするLDKに（m.sumirin邸）

システムキッチン・カップボード・ダイニングテーブル：kitchenhouse、照明：NEW LIGHT POTTERY、天井材：CHANNEL ORIGINAL

part 2
家事が楽しくなる
DKのセンスアップ
レシピ
75

# 優秀すぎる！カップボード

キッチン収納に欠かせない、
おしゃれなカップボードが大集合。
雑貨やツールも飾って、
自分だけのキッチン空間に。

Panasonic

**物が増えがちなキッチンまわりも扉つき収納ですっきり**
開き戸や引出しを組み合わせて、収納力抜群のカップボード。壁はグレーのクロス仕上げで印象をやわらげて（sakura_noie邸）

カップボード：「クラシーナ」Panasonic、壁材：サンゲツ、床材：「ライブナチュラルプレミアム」朝日ウッドテック、ダイニングチェア：「CIVIL」柏木工

### ライトグレー×木で圧迫感を抑える

インダストリアルテイストのカップボードと、無垢材仕上げの吊り戸棚。異素材でも好相性な組み合わせ（kinop.myhome邸）

カップボード：kitchenhouse、照明：大光電機、壁材：「エコカラット」LIXIL

kitchenhouse

kitchenhouse

### 壁にすっきりなじむ ベージュのカップボード

大容量のカップボードは、食器からキッチンツールまですべてすっきりしまえる。壁に溶け込むベージュをセレクト（risa46___邸）

システムキッチン・カップボード：kitchenhouse、照明：Panasonic、ダイニングテーブル：木蔵、ダイニングチェア：「セブンチェア」フリッツ・ハンセン

### 毎日使う家電類を 手が届きやすい場所へ

マットなグレーのカップボードは、程よい奥行きで家電を置くスペースにもぴったり。吊り戸棚は無垢材仕上げ（chiko__no_ie邸）

カップボード：kitchenhouse、壁材：サンゲツ

kitchenhouse

part 2
家事が楽しくなる
DKのセンスアップ
レシピ
75

## 自然素材を組み合わせて壁面もやさしい表情に

グレーの壁は珪藻土仕上げ。調湿効果があり、やわらかな素材感もうれしい。天井材と棚も無垢材をセレクト（_____saki_ie____邸）

カップボード：「アレスタ」LIXIL、壁材：四国化成

LIXIL

kitchenhouse

## 食器類は奥まで使える奥行きある引出しへ

ふだん使いのカップやグラス類は、奥までたっぷり入る引出し収納へ。程よい深さのスライド収納は収納力抜群！（uri__home邸）

カップボード：kitchenhouse、壁材：旭興

## デッドスペースを残さず2面の壁を収納に活用

壁一面に収納を設置。グレーの壁はペイント仕上げ、床は掃除がしやすいモルタルブロックを採用（ma_home0211邸）

カップボード：「su:iji」ウッドワン、壁材：「Stormy」ポーターズペイント、ユニットシェルフ：無印良品

part 2
家事が楽しくなる
DKのセンスアップ
レシピ
75

# 使いやすく、美しすぎるパントリー

キッチンのキレイを保つ秘訣は、パントリーの存在。
見せたくない物から食材のストックまで、
まとめてしまえば、キッチン空間はすっきり！

### 奥行きが浅い
### オープンシェルフ

廊下のちょっとしたスペースを活用してミニパントリーを製作。食材のストックも取りだしやすく、しまいやすい（misaki__home邸）

床：「ライブナチュラルMRX 2P」朝日ウッドテック、収納ボックス：「やわらかポリエチレンケース」「ポリプロピレンファイルボックス」共に無印良品

### LDから
### 見えない位置に
### パントリーを

来客からは見えない位置にパントリーを配置。タイルをプラスして、入るのが楽しくなるようなデザインに（casa_omame邸）

システムキッチン：「グラッド45」miratap、カップボード：「コントルノ」miratap、床材：アイオーシー

## 収納ツールを活用して空間を120％使いこなす

「無印良品」の収納ツールを組み合わせて、パントリー内の棚を最大限に活用。見た目にもすっきり、取り出しやすさも◯（_____.rhm邸）

床材：東リ、収納ボックス：無印良品

## パントリーの入口はかわいいアーチ型に

パントリーの入口をアーチ型にするだけで、軽やかな印象に。キッチンと収納ボックスの色のトーンを揃えて（ki__kiroku邸）

カップボード：EIDAI、床材：「アトムジェニック」EIDAI

## 引き戸つき収納なら急な来客時も慌てない

キッチンの背面収納は引き戸つきに。ふだんは開放したまま、来客時はさっと閉めるだけで見た目はすっきり（ena_home_邸）

システムキッチン：「リシェルSI」LIXIL、ダイニングテーブル：「NEOTH」綾野製作所、ダイニングチェア：「Adelaide」BoConcept、収納キャビネット：「ペリティス」Panasonic、天井材：ルノン

111

Column 2

## 家づくり経験者のフォロワーさんに聞きました！
# 暮らしやすい間取りのコツ

これって正解？ 不正解!?
家族に合った
間取りを考える

　間取りの正解は、家族の生活スタイルによって変わるもの。とは言え、家が完成してから「こんなはずじゃなかった！」という事態にならないよう、経験者のリアルなコメントはぜひ参考にしたいものです。

　特に気になるのは、毎日の家事の負担が軽減される動線。人気のランドリールームや行き止まりのない回遊動線、玄関からのアクセスがスムーズなパントリーなどは「選んで正解」と感じた人が多いようです。逆に、トイレの位置やサニタリーのプランは家族構成や生活スタイルによって「正解」が変わるので、じっくり考えた方がよさそうです。

### 選んで正解だった間取りは？

| | |
|---|---|
| 1位 | ランドリールーム横にクローゼットを配置 |
| 2位 | 回遊動線 |
| 3位 | 廊下がないこと |
| 4位 | 洗面室と脱衣室を分ける |
| 5位 | 玄関近くに洗面所を配置 |
| 6位 | 玄関近くにトイレを配置 |
| 7位 | 玄関→シューズクローゼット→パントリー→キッチンに行ける動線 |
| 8位 | 1階でほぼ完結する間取り |
| 9位 | キッチンと横並びダイニング |
| 10位 | リビング横の和室 |

## Real Voice

### リビング編

老後を考えると2階リビングはキツい。介護を考えてもリビングは1階がいい

水まわりとリビングの室温差が出ないよう、リビングを通って水まわりへ行くプランに

### 玄関編

玄関ホールをなくしたら、玄関まで涼しい＆温かい。居室を広くできる

玄関スペースは広くしました。雨の時は自転車も中に置けます

### キッチン編

キッチンとランドリーは近い方がいい！ 家事が同時進行できる

お風呂が少し離れているので、来客時も気にせず子どもをお風呂に入れられます

### 水まわり編

玄関から直行できるプラン。子どもが外から汚れて帰ってきた時は便利

洗面室と脱衣室を別々につくりました。お風呂前後も混み合いません

ファミリークローゼットを洗面室につけて正解！ 4人家族なら1.5畳あるといいですよ

浴室は窓なし。とにかく掃除がラクだし、温かい

### 家事動線編

キッチン中心の回遊動線。どこに行くにも最短距離で行けてラク！

ランドリールームに干した洗濯物は、ハンガーのまま隣のクローゼットへ

## 間取りプラン どっちが正解？ Real Voice

---
### キッチン
---

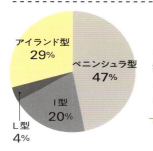

アイランド型 29% / ペニンシュラ型 47% / I型 20% / L型 4%

**アイランド型派** VS. **ペニンシュラ型派**

- 子育て世代にはアイランド型一択！家族みんなでキッチンに立てます
- 料理しながら子どもの様子も見やすいし、お皿の上げ下げも楽々

- 壁があった方がリビングに油膜が広がりにくいので、ペニンシュラ型に
- カウンターに立ち上がりをつけて、手元を隠したかったので

---
### 廊下
---

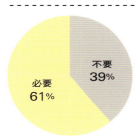

必要 61% / 不要 39%

**必要派** VS. **不要派**

- ダウンライトを壁近くに設置して、美術館のように絵を飾っています
- 廊下からのリビング吹抜けで、広く感じられるようにしました

- 廊下をなくした分、リビングが広くなりました！無駄がなくて気に入っています
- 2階の廊下をなくしてホールにしたら、明るくなりました

---
### キッチン
---

横並び 43% / 回遊動線 57%

**ダイニングと横並び派** VS. **回遊動線派**

- 作った料理をすぐ運べるし、食べ終わった食器を運ぶのもラク
- キッチンとダイニングを行き来する頻度が高いので横並びが便利

- 家事は料理だけではないので、洗濯、掃除もラクな回遊動線がおすすめ！
- ランドリールームからクローゼット、バルコニーをまとめて洗濯から片づけまでがスムーズに！

---
### トイレ
---

玄関近く 60% / リビング横 40%

**玄関近く派** VS. **リビング横派**

- リビング横だと来客時に流す音が聞こえそうなので
- 子どもが帰宅してすぐにトイレ！と言っても対応できる

- 玄関近くだとトイレが寒くなってしまいそう
- トイレ内に手洗いをつけたくないので、リビング横の洗面近くに

113

Part 3

# 気持ちよく使える
## サニタリーの
## センスアップレシピ
# 57

洗面室や浴室、トイレ、ランドリールームなどは
家族が毎日、必ず使うスペースです。
実は予想以上に来客が使う機会も多いので、
住む人のセンスが感じられるような、
気持ちよい空間をつくりましょう。

part 3
気持ちよく使える
サニタリーのセンスアップ
レシピ
57

# 丸パクリしたい！センスのいい洗面台

洗面スペースは、意外に来客が使うことも多い場所。
家づくりの時は、思わず「真似したい！」と言いたくなるような
センスのいい洗面台を参考にしてプランを考えましょう。

**シンプルな造作カウンターは壁材がアクセント**

タイルの壁の凹凸感が、シンプル空間に表情をプラス。カウンター下のオープンシェルフは、やっぱり便利！（onesail13邸）

洗面カウンター：「カスタムカウンター」miratap、洗面ボウル：「Tエッジル ピエトラ カラーラ」miratap、照明：KOIZUMI、壁材（タイル）：「ロッチャ」miratap、床材：「モルタライク」miratap

miratap

## 鏡とタイルをインテリアのポイントに

洗面ボウルと一体型のカウンターは、シームレスでお手入れもしやすい。壁は個性的なタイルで変化をつけて（chiko__no_ie邸）

洗面台・水栓：「スタイリッシュカウンター」アイカ工業、鏡：ferm LIVING、照明：オルネ ド フォイユ、壁材（タイル）：「レブウォール」名古屋モザイク工業

part 3
気持ちよく使える
サニタリーのセンスアップ
レシピ
57

## 雑多なアイテムは
## ミラーボックスへ

使いやすく、収納力も高いミラーボックス。
壁面の小さなスペースにタイルを使用し
てキュートなアクセントに（neige＿123邸）

鏡：「ステムズミラーボックス」miratap、壁材
（タイル）：「コラベル」名古屋モザイク工業、踏
み台：IKEA

miratap

## 素材違いも色を揃えてすっきり見せる

ウッド調のシートとマーブル調のカウンターの組み合わせ。色のトーンを揃えてすっきりナチュラルな印象に(sy.__home邸)

洗面台:「スタイリッシュカウンター」アイカ工業、鏡:アイカ工業、水栓:「スティック 壁付混合水栓」miratap、壁材:「リアテック」サンゲツ、スツール:「BENT STOOL」DUENDE

## 造作カウンターにスクエアなボウルを組み合わせる

マットなグレーのカウンターは、浮いているように見えるフローティングデザイン。軽やかな印象で、お掃除もスムーズ(fab.house_r2邸)

洗面ボウル・水栓・鏡:miratap、洗面カウンター:造作、床材:ikuta

part 3
気持ちよく使える
サニタリーのセンスアップ
レシピ
57

## 照明づかいで メイク時間が 楽しくなる

鏡に美しく映える、ガラスカバーの ペンダントライトで、メイク時間も楽しくなりそう（anneii._____邸）

カウンター：アイカ工業、洗面ボウル・水栓：miratap

アイカ工業

miratap

IKEA

## 鏡下のやさしい光で 癒しの空間に

昼間は横スリット窓から入る自然光、夜はミラー下からのやわらかな間接照明。さまざまな光が楽しめる（kayo__home邸）

カウンター：「スタイリッシュカウンター」アイカ工業、洗面ボウル：アイカ工業、水栓：カクダイ、鏡：「ENHET」IKEA

## 使いやすい
## ワイドサイズの
## 実験用ボウル

カウンターの一角にメイクコーナーも設置。ワイドサイズの陶製ボウルは、広々と使えて便利（m.atelier_home邸）

洗面ボウル：TOTO、壁材（タイル）：「ピュリティ」名古屋モザイク工業

TOTO

LIXIL

## カラフルに光る
## モザイクタイルがポイント

自然光でキラキラ光るモザイクタイルがコーディネートのポイント。メイク時間用のスツールも置いて（yo.to619邸）

カウンター：セブン工業、洗面ボウル・水栓：LIXIL、鏡：miratap、壁材（タイル）：LIXIL

## シンプルだからこそ
## 素材感にこだわって

ワイドカウンターは造作してモルタル仕上げに。モルタル特有のマットな素材感が、シンプルな洗面コーナーに映える（uu.no_ouchi邸）

壁材・天井材：リリカラ、床材：「コンビットリアージュ」ウッドワン

リリカラ

part 3
気持ちよく使える
サニタリーのセンスアップ
レシピ
57

### ライトブラウンの
### グラデーションタイル

ウッド調の洗面カウンターになじむ、同色系のタイルを採用。温かみのある洗面所に（koto_noie邸）

カウンター：アイカ工業、洗面ボウル：TOTO、水栓：カクダイ、壁材（タイル）：「Tricot」平田タイル

平田タイル

アイカ工業

# ワンランク
# アップする！
# 激推しタイル

コンパクトなスペースで差をつけるのは、アクセントとして使われるタイルの色と素材感。思わず「なるほど」と唸るタイル使いをご紹介します。

## モザイクタイルで仕上げたミニコーナー

コンパクトな洗面スペースは、壁一面をモザイクタイル仕上げに。シンプルな洗面台が一気に華やかな印象（casa_omame邸）

カウンター：IKEA、洗面ボウル：「エレガンススクエア」miratap、壁材（タイル）：「アデオナ」名古屋モザイク工業

名古屋モザイク工業

## 紺タイル×白目地でさわやかコーディネート

紺のランタン型タイルが印象的。タイルの目地は白をセレクトして、洗面スペースらしいさわやかな仕上がりに（chee.＿＿se邸）

洗面ボウル・水栓：LIXIL、壁材（タイル）：「コラベル」名古屋モザイク工業

## シンプル素材は張り方で差をつける

壁は白のサブウェイタイル仕上げ。連続しているトイレのヘリンボーン張りフローリングと好相性（＿＿＿nana.＿＿＿邸）

カウンター：「ポストフォームカウンター」アイカ工業、洗面ボウル：「ラバトリーボウル」アイカ工業、水栓：「column」SANEI、鏡：アイカ工業

アイカ工業

123

### part 3
気持ちよく使える
サニタリーのセンスアップ
レシピ
57

# 来客時に褒められるコンパクト洗面台

玄関やトイレ付近にあると便利な
コンパクト洗面台。来客が使うことも多いので、
パーツにもこだわり、自慢したくなる
デザインを目指しましょう。

### グレートーンでまとめてシックな印象に

グレートーンのクロス×タイル仕上げで、シックな印象の洗面コーナー。収納扉もトーンを揃えてコーディネート（ico_home.dh邸）

システム洗面台：「スマートサニタリー」アイカ工業、鏡：ZARA HOME、照明：「marine bracket noir」LAMPLAMP -Royal Lamp Works-、壁材：サンゲツ

## 無駄を省いた「ただいま手洗い」

帰宅後すぐに手洗いができるコンパクト洗面台は、カウンターもパーツもシンプルを極めて（n.k____home邸）

システム洗面台：Panasonic、鏡：TEORI、照明：大光電機、壁材：サンゲツ

Panasonic

IKEA

## 黒の壁つけ水栓をアクセントに

白のコンパクト洗面スペースは、黒の水栓がポイント。洗面ボウル一体型のカウンターは人工大理石製（koquito3邸）

洗面ボウル・カウンター：デュポン・MCC、水栓：「スティック 壁付混合水栓」PAFFONI、鏡：IKEA

名古屋モザイク工業

## 白の壁はモザイクタイル仕上げ

一見シンプルな白の壁は、よく見ると細やかなモザイクタイル仕上げ。光が当たると繊細な表情が浮かび上がる（sakura_noie邸）

システム洗面台：LIXIL、鏡：「ZERO」TEORI、壁材（タイル）：「フィデス」名古屋モザイク工業

125

## 重厚感のある陶製ボウルで和テイストをプラス

和テイストの洗面ボウルに、ガラスカバーのペンダントライトをコーディネート。グレーの壁面で雑貨や花が映えるコーナーに（rin__noie邸）

洗面ボウル：「RIRAKU」平田タイル、水栓：カクダイ、照明：ODELIC、鏡：「ZERO」TEORI、壁材：リリカラ

平田タイル

大光電機

## 「ただいま手洗い」は壁かけ照明でスポットを当てる

玄関横のミニ洗面コーナーは、自然素材でまとめたナチュラルスタイル。来客も心安らぐコーナーに（uri__home邸）

カウンター：miratap、照明：大光電機

## グレーのクロスで
## 特別感のある洗面コーナー

大きな丸い鏡が際立つ、コンパクトな洗面台。グレーのクロス仕上げでスタイリッシュな印象を演出（risa46___邸）

システム洗面台：「シーライン」Panasonic、壁材：リリカラ

Panasonic

## 手洗いが楽しくなる
## ピンクのミニボウル

収納のない板だけのカウンターと、浅いミニボウル。ゴールドの水栓と鏡で、上品なかわいらしさを演出（harukanako_邸）

洗面ボウル・水栓：セラトレーディング、鏡：miratap、壁材：塗装

セラトレーディング

## 来客時に100％褒められる！
## おしゃれな洗面台

グレー×木目調の配色は、どんなスペースにもしっくりなじむ。季節の花を飾ってお気に入りの空間に（n___home19邸）

システム洗面台：Panasonic、壁材：東リ、フラワーベース：ACTUS

Panasonic

127

part 3
気持ちよく使える
サニタリーのセンスアップ
レシピ
57

# 毎日
# テンションUP！
# 人気の神配色

忙しい朝の身支度も、テンションの上がるスペースにしたい！
人気の配色をカラー別でご紹介します。

名古屋モザイク工業

TOTO

### 木製カウンターに
### 実験用シンクをセット

白とウッド材はもちろん好相性。
掃除がしやすいグレーのクッショ
ンフロアを合わせて、清潔感の
ある空間に（＿＿＿ri_home邸）

洗面ボウル：TOTO、水栓：カクダイ、
鏡：Panasonic、壁材（タイル）：名
古屋モザイク工業、床材：サンゲツ

## Wood ウッド

### 栗材で造作した壁つけ収納が大活躍

雑多なアイテムが増えがちな洗面台をすっきりしてくれる壁つけ収納。栗材仕上げで和のテイストをほんのりプラス（saki_ie 邸）

洗面ボウル・水栓：TOTO、照明：KOIZUMI、壁材：エーアンドエーマテリアル、天井材：吉野石膏

— TOTO

### 広く使えるシンクが大活躍！

深みのある陶製シンクは、病院などで使用されている製品。掃除がしやすく、シンプルなデザインが人気（M邸）

カウンター：アイカ工業、洗面ボウル：TOTO、水栓：SANEI、鏡：miratap、壁材（タイル）：「Gubi」平田タイル

平田タイル

アイカ工業

### ガラスモザイクタイルがさりげないアクセントに

壁面はガラス製のモザイク仕上げ。光が当たるときらきら光る薄いグレー色が、さりげないアクセントに（ayagram_home邸）

システム洗面台：住友林業クレスト、水栓：VISANTE、壁材（タイル）：「Allure」平田タイル、床材：「スムースモルタル」サンゲツ

129

part 3
気持ちよく使える
サニタリーのセンスアップ
レシピ
57

## 朝もゆっくり
## メイクできるコーナー

広々としたカウンターで、メイクコーナーとしても使えるスペースに（ai_noie_o邸）

システム洗面台：アイカ工業、水栓：VISANTÉ、鏡：LIXIL、照明：Panasonic、収納棚：LIXIL、壁材：サンゲツ、床材：東リ

アイカ工業

東リ

## グレージュ×
## ライトグレーの
## 淡色コーディネート

グレージュのシステム洗面台と、石目調のフロアタイルの組み合わせ。清潔感のある淡色コーディネート（snt_k.home邸）

システム洗面台：「エリシオ」タカラスタンダード、鏡：「ステムズミラーボックスLED」miratap、床材：「ロイヤルストーン」東リ

アイカ工業

## グレーのカウンターで
## 落ち着いた表情に

マットなテイストのグレーのカウンターは、落ち着いた雰囲気。タオル類もたっぷりしまえるオープン棚と組み合わせて（n___noie邸）

システム洗面台：「スタイリッシュカウンター」アイカ工業、鏡：「ミラーキャビネット」KAWAJUN、壁材：ルノン、「セラール セレント」アイカ工業、床材：サンゲツ

### スタイリッシュな
### グレーコーデ

玄関を入ってすぐの階段横に、洗面コーナーを配して動線もすっきり。カウンターと床材の色を合わせ、汚れも目立たずスタイリッシュに（k____co_home邸）

システム洗面台：「スタイリッシュカウンター」アイカ工業、鏡：「ステムズミラーボックス」miratap、壁材・天井材：サンゲツ、床材：東リ

アイカ工業

### 壁面をタイルで
### 仕上げたやさしい空間

ほんのり薄いグレーでまとめた洗面台は、どこかやさしい雰囲気に。壁面にポイントで入ったタイルも効果的（n.k____home邸）

システム洗面台：アイカ工業、照明：Panasonic、壁材（タイル）：平田タイル、床材：サンゲツ

平田タイル

# Pale Tone

淡色

131

part 3
気持ちよく使える
サニタリーのセンスアップ
レシピ
57

# Black & Gray

黒&グレー

ODELIC

東リ

## リビングからの光で洗面スペースの閉塞感を解消

リビングと仕切るのはガラスの室内窓。たっぷりの光が気持ちのいい空間に。床はヘリンボーン張り風のフロアタイルを採用（＿＿＿.rhm邸）

システム洗面台：アイカ工業、鏡：miratap、照明：ODELIC、室内窓：「デコマド」LIXIL、壁材（タイル）：平田タイル、床材：東リ、天井材：サンゲツ

永大産業

## 黒をアクセントにして空間を引き締める

ウッド調のシステム収納を天板と床材の黒で引き締め、高級感あふれるスペースに。収納力のある洗面台もうれしい（rin__noie邸）

システム洗面台：永大産業、水栓：グローエ、床材：「アーキスペックフロアーS」Panasonic

## 黒のタイルにグレーのボウルを組み合わせて

ダブルボウルで朝の身支度タイムのラッシュを解消。壁は黒のタイルで仕上げて、高級感あるスペースに（＿＿＿.rhm邸）

洗面ボウル・水栓・鏡：miratap、照明：ODELIC、壁材：サンゲツ・miratap、床材：東リ

miratap

part 3
気持ちよく使える
サニタリーのセンスアップ
レシピ
30

miratap

## ホテルライクな造作仕上げのカウンター

床から浮いて見える、フローティングタイプの洗面カウンターは造作仕上げ。大理石調のタイルを壁材に採用（brilliant_819邸）

水栓：「AVA」、鏡：「ホテルミラーボックス」miratap、壁材：「Marvelous」平田タイル、床材：「ボルゴーニャ」サンゲツ

LIXIL

## 黒のラインがスタイリッシュな印象

シンプルな白のシステム洗面台は、黒のラインがアクセントに。床材には石目調のフロアタイルを採用（koquito3邸）

システム洗面台：「ルミシス」LIXIL、床材：東リ

IKEA

### メイクもできるワイドサイズのカウンター

造作仕上げのワイドサイズなカウンター。カウンター下にたっぷり物がしまえるのもうれしい（__nn.home邸）

水栓：miratap、鏡：「LINDBYN」IKEA、照明：ODELIC、壁材・天井材：「SPシリーズ」サンゲツ

# White 白

CUCINA

### 白でまとめて空間を広く見せる

スリット窓からの光が映える、白のシステム洗面台。色を控えているので、ダブルボウルのカウンターもすっきり（yi02qx邸）

システム洗面台：CUCINA、水栓：グローエ、壁材：サンゲツ、床材：大建工業

part 3
気持ちよく使える
サニタリーのセンスアップ
レシピ
57

家事スペースも
兼用させて
作業がスムーズに

薄いグレートーンのランドリールームは、収納が充実。乾いた洗濯物をそのままたんでしまえるのが便利（kurumi_myhome邸）

壁材：サンゲツ、床材：「ハピアフロア ホワイトオニキス」大建工業、収納棚：アイリスーオーヤマ

アイリスーオーヤマ

# このランドリールーム、最高です！

家づくりで人気が高いのが、ランドリースペース。
室内干しができるスペースや便利な収納棚、
作業カウンターなどを組み合わせれば、毎日快適！

136

山崎実業

## デッドスペースを見逃さず収納に活用

ドラム式洗濯機の上スペースを活用して、タオルなどの収納スペースに。アイテムの色を揃えてオープン棚をすっきり（risa46＿＿邸）

洗濯機：Panasonic、収納ケース：無印良品、洗濯かご：「tower／ランドリーワゴン」山崎実業

## 雨天時は室内干しもできるお役立ちスペース

室内干しもできるランドリールーム。モルタル風のフロアタイルが、インダストリアルな気分をアップ（fab.house_r2邸）

床材：「グランドモルタル」サンゲツ、棚：南海プライウッド、ランドリーバスケット：「tosca」山崎実業

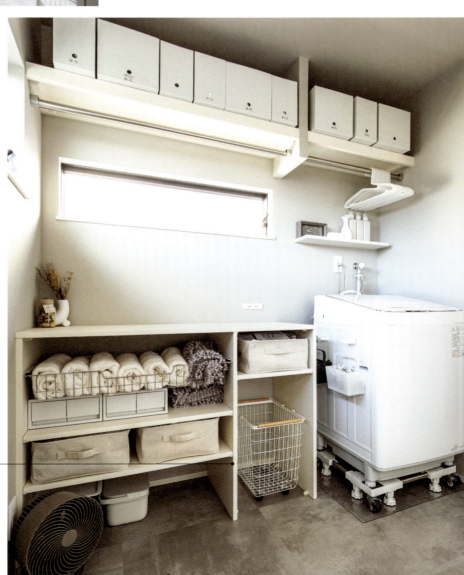

南海プライウッド

サンゲツ

137

part 3
気持ちよく使える
サニタリーのセンスアップ
レシピ
57

### まとめてしまえる
### ジャストフィットの棚

洗濯機に合わせて造作した棚は、タオル類や洗濯アイテムをしまえる棚もあり。外干しする時は、ここで整理して（_____nana.___邸）

床材：サンゲツ、収納ボックス：「ラタンバスケット」無印良品

### 白でまとめて
### ナチュラルな空間に

ドラム式の衣類乾燥機は、台の上にスペースを取ると、洗濯物の出し入れがラク。収納棚も設置すれば万全！（ai_noie_o邸）

壁材：サンゲツ、床材：東リ、洗濯機：「ビートウォッシュ」日立、ガス衣類乾燥機：「乾太くん」リンナイ

無印良品

サンゲツ

LIXIL

### グレーの調湿建材は
### ランドリールームの壁にぴったり

壁素材に採用したシックなグレーの「エコカラット」は、調湿・消臭性能を備えているので、ランドリールームにぴったり（ico_home.dh邸）

収納棚：ウッドワン、壁材（タイル）：「エコカラット」LIXIL、床材：東リ

toolbox

## 雨の日に大活躍する室内干し用バー

下洗いに便利なスロップシンクを設置。室内衣類乾燥機と室内干し用のバーもあるので、雨の日の準備は万全（koquito3邸）

床材：「ロイヤルストーン」東リ、壁材（アクセントクロス）：サンゲツ、ハンガーパイプ：toolbox

アイカ工業

## ひと続きのスペースにして使い勝手もアップ

洗面室からランドリールームまで、ひと続きの空間に。窓からの自然光で、暗くなりがちなスペースも明るい印象（n___noie邸）

洗面台：「スタイリッシュカウンター」アイカ工業、床材：サンゲツ、ガス衣類乾燥機：「乾太くん」リンナイ

toolbox

## 黒のアイアン製ハンガーパイプが空間のアクセント

コンパクトなスペースをランドリールームとして活用。アイアン製のハンガーパイプを、室内干し用に活用（brilliant_819邸）

収納棚：「MALM」IKEA、ハンガーパイプ：toolbox、床材：「ボルゴーニャ」サンゲツ

part 3
気持ちよく使える
サニタリーのセンスアップ
レシピ
57

# もう迷わない！トイレの壁紙＆床材

壁材と床材、カタログもたくさんありすぎて
なかなか決められない人も多いのでは？
素敵な実例から、イチ推しを探してみて。

MOEBE
名古屋モザイク工業

### タイルで壁面の演出を楽しむ

グレーの壁に六角形のタイルをアクセントにして、トイレ空間を楽しく演出。収納棚は造作仕上げ（yi02qx邸）

鏡：MOEBE、ペンダントライト：KOIZUMI、壁材：サンゲツ、アクセントタイル：「ビストロイタリア」名古屋モザイク工業

### 黒×グレーの シックな組み合わせ

マットなグレー×黒のツートーン仕上げで、シックな印象に。背面のディスプレイ棚でインテリア性をアップ（fab.house_r2邸）

トイレ：「NJ1」TOTO、ペーパーホルダー：miratap、壁材・床材：サンゲツ

### 落ち着いた 和の空間を演出

玉砂利風のクッションフロアと木目のクロスで和の空間を演出。片面の壁をこげ茶にして、モダンに仕上げて（my.home.coma邸）

トイレ：「アラウーノ」Panasonic、壁材・床材・天井材：サンゲツ

### 暗くなりがちな トイレ空間を 白の床材で明るく

白の床材は掃除もしやすく、トイレ空間を明るく見せる。ライトベージュのクロス仕上げで、和のテイストをプラス（anneii._____邸）

トイレ：「アラウーノ」Panasonic、壁材：サンゲツ、床材：東リ

part 3
気持ちよく使える
サニタリーのセンスアップ
レシピ
57

リリカラ

四国化成

## トイレ空間の
## イメージを一変する
## ペンダントライト

明るいダウンライトをやめて好みのペンダントライトをつければ、トイレ空間のイメージが一変。雑貨などもディスプレイして（kurumi_myhome邸）

トイレ：「アラウーノ」Panasonic、壁材：リリカラ、床材：「ハピアフロアホワイトオニキス」大建工業、ペンダントライト：STOCKROOM OSAKA

AXCIS

## モルタル風のクロスと
## ヘリンボーン張り風
## フロアタイル

家全体のインテリアに合わせ、マットなグレーのクロス×フローリング風のフロアタイルでコーディネート（mr.home___邸）

トイレ：「アラウーノ」Panasonic、照明：AXCIS、カウンター：永大産業、壁材：リリカラ、床材：サンゲツ

ODELIC

### カラー珪藻土の ウェーブ仕上げで 和を印象づける

和モダンな空間にこだわり、カラー珪藻土壁を採用。マットな黒のフロアタイルと合わせて和テイストを演出（_____saki_ie\_\_\_\_邸）

トイレ:「NJ1」TOTO、壁材:四国化成、床材:「ストーン＆アクセント／ワイドモルタル」サンゲツ、ペーパーホルダー:友安製作所

リリカラ

### ペーパーホルダーや 照明まで こだわって選ぶ

水に通したような光が落ちる照明で、トイレをアートな空間に。ペーパーホルダーもこだわってセレクト（mofu\_\_home邸）

トイレ:「NJ」TOTO、照明:「AQUA」ODELIC、ペーパーホルダー:上手工作所、クロス:ルノン、床材:サンゲツ

### 壁紙と小物で アンティーク風に

ライトグレーの壁と床に、ドライフラワーと照明を加えてナチュラルアンティーク風に。棚板1枚のシンプルなシェルフは、ディスプレイコーナー（_____ri_home邸）

トイレ:「アラウーノ」Panasonic、壁材:リリカラ、床材:サンゲツ、照明:NEW LIGHT POTTERY

永大産業

Column 3

家づくり経験者のフォロワーさんに聞きました！
# 人気の設備ランキング

## 今やキッチンに食洗機はマスト!?
## 気になる実際の使い心地

　気になる人気設備、実際の使い心地について聞いてみました。今やキッチンの食洗機はマストな設備。特に、子どもがいる家庭は洗い物を機械に任せ、家族でいる時間をゆっくり楽しみたいものです。

　予想以上に満足度が高かったのが、全館空調システム。目に見えない部分なので後まわしにしがちですが、毎日快適に過ごすためにもぜひ検討したいところ。右ページでご紹介する主な設備の人気メーカーについても、ぜひ参考にしてみてください。

### 選んで正解だったオプション設備は？

| 1位 | 食洗機 |
| --- | --- |
| 2位 | 全館空調システム |
| 3位 | スマートキー |

## Real Voice

オール電化にガスを併用して、発電機も設置。電気代が安くなりました

キッチンはIHですが、ガス衣類乾燥機を導入してガス併用にしています

食洗機は必須！ 家事は機械に任せて子どもと触れ合いたい

震災経験者なので、太陽光発電と蓄電池、ガスとIHを併用しています

全館空調システムは少し高めですが、それを上回る快適性！

キッチンのタッチレス水栓は手が汚れている時に本当に便利！

キッチンのフットスイッチ最高！ 水も細かく出し止めできます

荷物が多い時、子どもを抱っこしている時
スマートキーは本当に便利！

家のあちこちに洗濯物を干したら動線のジャマ。
室内干しできるランドリールームはおすすめ！

吹抜けがあるおかげで1階が明るい！
2階にいる家族を
1階のキッチンから呼べます

勾配天井にして、高い位置に窓をつけました。
開放的で、部屋が広く見えます

子どもがまだ小さいので、浴室暖房をつけて温めています

## キッチン

### キッチンメーカー 人気ランキング

| | |
|---|---|
| 1位 | タカラスタンダード |
| 2位 | Panasonic |
| 3位 | LIXIL |
| 4位 | クリナップ |
| 5位 | トクラス |

タカラスタンダードはホウロウ素材や浄水器つき、デザイン、価格が決め手に！

kitchenhouseはフルオーダーで、自分好みにできます

パナソニックの「Lクラス」はフルオーダーのようにわがまま特注ができます

トクラスは人造大理石が劣化しにくく、手入れもラク。強さもいちばん！

LIXILの「リシェルSI」は、グレーズグレーの高級感と、セラミックトップで選びました！

クリナップの「セントロ」。高級感×本体ステンレス構造でデザイン性と機能性を両立

## システムバス

### システムバスメーカー 人気ランキング

| | |
|---|---|
| 1位 | TOTO |
| 2位 | タカラスタンダード |
| 3位 | LIXIL |
| 4位 | パナソニック |
| 5位 | トクラス |

TOTOはエプロン部分の掃除をしなくていい！

タカラスタンダードはユニットバスでもタイル床で目地が少なく、掃除がラク

LIXILの「スパージュ」は特別感がたまりません

Panasonicの「BEVAS」。シャクダニ石柄の壁にひと目惚れしました

TOTO「サザナ」の「ほっカラリ床」がおすすめ。子どもが転んでもやわらかくて安心

タカラスタンダードは壁がホウロウなので、マグネットがつく

# Part 4

# 疲れを癒す
# 寝室の
# センスアップレシピ
# 24

忙しい一日を終え、自分だけの、
家族だけの時間を過ごす部屋。ここでは気取らず、
いちばんリラックスして過ごしたいから、
自分好みのスタイルを追求したいところ。
穏やかで、心地よく、気持ちが落ち着く空間が理想です。

part 4
疲れを癒やす寝室の
センスアップ
レシピ
24

リリカラ

## 天井材をウッド調で仕上げ
## 自然素材が似合う空間に

天井のクロスをウッド調にして、ナチュラル
テイストなベッドルームに。入口はアーチ型
にして特別感を演出（ramu_home邸）

ベッドカバー：「コアラマットレス保護カバー」、
枕：「ヒツジのいらない枕」、照明：「madeleine」
flame、天井材：リリカラ

# 極上のリラックス！
# 癒しの寝室

寝室はひと目につかない場所だからこそ、自分好みのスタイルを極めて。
ファブリック、壁紙、照明とこだわりポイント満載です。

## アートが映えるグレージュの壁

ベッドルームの壁にお気に入りのアートをディスプレイ。色数を3色に絞り、統一感あるおしゃれな寝室に（sai_home_320邸）

ベッド：MINT、ベッドカバー：「ワッフル織ケット」無印良品、布団カバー：「綿三重ガーゼ掛布団カバー」無印良品、枕カバー・カーテン：無印良品、クッション：H&M home

part 4
疲れを癒やす寝室の
センスアップ
レシピ
24

大建工業

## ベッドルームに
## お気に入りのチェアを

ベッドルームに1脚あるとうれしいチェア。窓際の小さな棚には、本やスタンドライトを置いて（etoile_mu邸）

ベッド：NITORI、ベッドカバー・布団カバー・枕カバー：無印良品、クッション：H＆M home、照明：＆ Tradition、壁材・天井材：シンコール、床材：リリカラ

## モリス柄のクロスを照らす間接照明

淡色コーディネートでまとめた、クッションカバー。ベッド頭上のモリス柄クロスで、ワンランク上の寝室が完成（koto_noie邸）

ベッド：日本ベッド、床材：大建工業

無印良品

NITORI

## ディスプレイ棚で
## 季節の
## インテリアを楽しむ

奥行きの浅い棚をベッド上に取りつけ、お気に入りの雑貨を飾ってインテリアを楽しんで（home.280.yai邸）

ベッド：NITORI、ブランケット：「伝説の毛布」

### ベッドカバーでアクセントをつける

白系でまとめた寝室に、オレンジのファブリックでアクセントを。木目調の床材はDIYで施工（erika.12.09邸）

マルチカバー：「イブル」Little Rooms、ラグマット：H&M home、サイドテーブル：「VIKHAMMER」IKEA、デスクチェア：Roomnhome、テーブルランプ（右）：「Flowerpot」& Traditon

### 黒が空間の引き締め役に

ヘッドボードと壁のアートフレーム、カバー類のストライプを黒でリンクさせて、インテリアの引き締め役に（erika.12.09邸）

ベッドカバー・布団カバー・枕カバー：SHEIN、クッション：「TUVSAV」IKEA、「コットンキャンバスクッションカバー」H&M home、照明：「ネルソン バブルランプ（リプロダクト）」、「MATIN TABLE LAMP」HAY、引き出しつきシェルフ：「EKBY ALEX」IKEA、ラタンベンチ：YESWOOD、壁材：壁紙屋本舗

part 4
疲れを癒やす寝室の
センスアップ
レシピ
24

# 壁紙でつくる とっておきの寝室

自分だけの特別なベッドルームを作るなら、壁の一面だけ色や柄の違うクロスで仕上げてみて。
手軽に、おしゃれなコーディネートの完成です！

ルイス・ポールセン

## 安眠を演出する グレーのクロス

淡いグレーのクロスで、安眠できるベッドルームを演出。小物の黒をアクセントに効かせて（ayagram_home邸）

ベッド（フレーム）：無印良品、ベッドカバー・布団カバー・枕カバー：無印良品、クッション：H&M home、IKEA、NITORI、ナイトテーブル：IKEA、壁かけ照明：「AJ WALL」ルイス・ポールセン、壁材：リリカラ、サンゲツ

## リメイクシートでアクセントウォールをつくる

グレーの壁はDIY用のシートでリメイク。ベッドまわりはベージュのグラデーションを楽しんで（nk__hooome邸）

ベッド：フランスベッド、ベッドカバー・布団カバー・枕カバー：NITORI、クッション：Plus Nao、Topfinel、メイン照明：「IC Lights S2」FLOS、テーブルランプ：3COINS

サンゲツ

## ベッドルームだからこそ
## たっぷり好みに浸って

エキゾチックな柄クロスは、プライベート性の高いベッドルームならではの楽しみ。無地のクロスと張り分けて(nao_haus邸)

**ベッド**：大塚家具、**布団カバー**：NITORI、**枕カバー**：H&M home、**壁材**：サンゲツ

サンゲツ

## シーンに合わせて
## 照明を使い分ける

寝る前のひと時を楽しくする照明プラン。間接照明やデスクランプをうまく組み合わせて(yi02qx邸)

**枕カバー**：無印良品、**壁材**：サンゲツ、**床材**：川島織物

サンゲツ

### 落ち着く空間を演出する
### ネイビーのクロス

深みのあるネイビーのクロスが、安眠を誘う。ウッドブラインドを組み合わせて、ナチュラルコーディネートに（chee.____.se邸）

ベッド：フランスベッド、照明：KOIZUMI、壁材・天井材：サンゲツ、床材：ikuta、ブラインド：ニチベイ

NITORI

サンゲツ

### 自然光で
### 浮かび上がる
### クロスの質感

ブラインド越しに落ちるやわらかな光で、グレーのクロスの質感を強調。腰壁も同じクロスで仕上げて上品な印象に（M邸）

ベッド：LOWYA、ベッドカバー・布団カバー・枕カバー・クッション：NITORI、壁材・天井材：サンゲツ、床材：ikuta

## part 4
疲れを癒やす寝室の
センスアップ
レシピ
24

東リ

シンコール

### グレーのアクセントウォールを効かせて

ラタンの照明やグリーンなど、ナチュラルな小物にも合わせやすいやわらかなグレーのアクセントウォール（n＿＿＿home19邸）

ベッドカバー：無印良品、枕カバー：NITORI、照明：IKEA、壁材・天井材：東リ

### 窓からの眺めを
### アート感覚で取り込む

外の景色をアートフレームのように切り取る窓が、コーディネートの一部に。壁材・床材はグレーで統一（ena_home_邸）

ベッドカバー：NITORI、壁材・天井材：シンコール、床材：「ラシッサDフロア」LIXIL

サンゲツ

## ゴールドを効かせて
## ラグジュアリーに

天井と壁面で、クロスを3パターンコーディネート。壁のクロスの模様はゴールドでラグジュアリーに（leesaa_house邸）

ベッド：フランスベッド、枕カバー：NITORI、壁材：サンゲツ、カーテン：Room1、加湿器：象印マホービン

H&M home

## グレージュで
## まとめた
## シックな空間

グレージュの壁紙とファブリックに、クラシカルな照明をプラス。シックで居心地のよい寝室に（erika.12.09邸）

ベッドリネン：H&M home、ワイヤーチェア：「Diamond Armchair」ベルトイア

part 4
疲れを癒やす寝室の
センスアップ
レシピ
20

Ambientec

LOWYA

# こだわり寝室、〝推し〟照明

寝る前のひと時、ゆっくり静かに過ごす時間は
ほのかな明かりの光があればさらにリラックス。
照明にこだわったら、ここまで空間が変わります。

## 低い照明でつくる癒しの空間

上下に光が広がるスタンドライトのそばに、アートを飾ってアクセントに。両サイドにはAmbientecの照明「TURN」を置いて (ruu.home___邸)

テーブルランプ：「TURN」Ambientec、スタンドライト：LOWYA、ベッド：BoConcept、クッション：IKEA、NITORI、SHEIN、壁材：サンゲツ、床材：「ハピアフロア」大建工業

## 壁つけ照明でベッドまわりをすっきり

壁つけ照明を設置することで、ベッドまわりがスマートに。光をやわらげ、間接照明になるタイプがおすすめ (__cacao__ismart邸)

ベッド：フランスベッド、壁つけ照明：大光電機、壁材・天井材：サンゲツ

大光電機

## アクセントクロスと間接照明が好相性

アクセントクロスの色味を際立たせる間接照明。グリーンの陰影も楽しんで (ruu.home___邸)

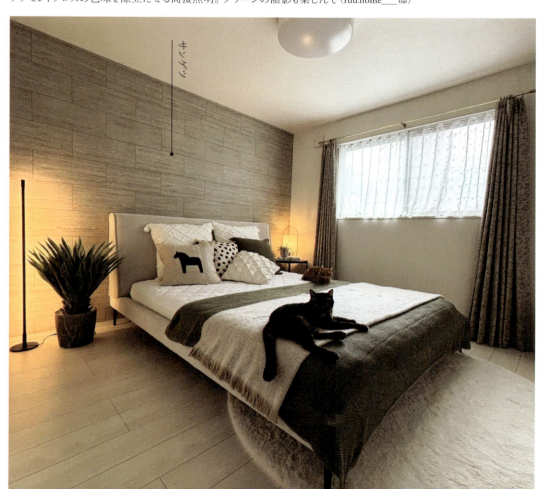

キンドケシ

part 4
疲れを癒やす寝室の
センスアップ
レシピ
24

KOIZUMI

## ガラス戸越しに
## クローゼットをライトアップ

壁を照らす間接照明が穏やかな空間をつくり、心地いい睡眠を促す。ライトアップされたクローゼットを眺めるのも楽しい（onesail13邸）

**ベッド：Songdream、ベッドカバー：ZARA HOME、壁つけ照明：KOIZUMI、壁材：サンゲツ**

APROZ

## 自然素材で揃えた
## ナチュラルテイストの寝室

白×ウッド材でナチュラルにまとめたベッドルーム。木製の個性的なスタンドライトが、空間をやわらかく包み込む（uri__home邸）

**ベッド・ベッドカバー・布団カバー：無印良品、照明：Panasonic、APROZ、壁材：旭興**

160

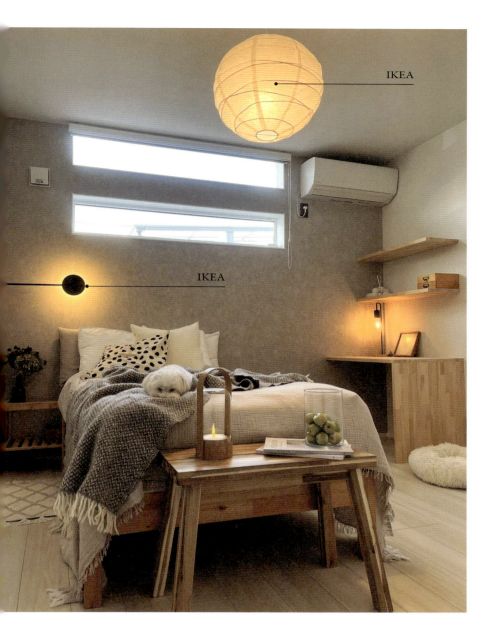

## メイン×サブの照明づかいで寝室を楽しく

メインは和紙越しにやわらかな光が落ちるペンダントライト。手元を照らすスタンドライトがあればさらに便利（yo.to619邸）

ベッドカバー：無印良品、布団カバー・枕カバー：NITORI、クッション：IKEA、照明：IKEA、壁材：トキワ、サンゲツ、床材：LIXIL

## 両サイドにライトを置いて2人で光を楽しむ

ベッドを2人で使う時は、両サイドにライトを置くと、使い勝手も抜群。シンプルなベッドサイドライトでシックな印象に（casa_omame邸）

ベッドカバー・布団カバー・枕カバー：無印良品、照明：KOIZUMI、壁材：ルノン

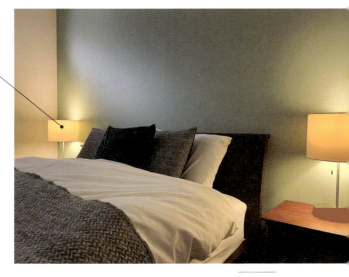

Column 4

### 家づくり経験者のフォロワーさんに聞きました！
# 家づくり経験者の失敗談

## 住み心地に影響する
## 窓とコンセントをチェック！

家づくりをスタートする前に、ぜひ参考にしたいのがリアルな「失敗談」。住み始めてからわかる後悔したポイントで多かったのが、「コンセントの位置」です。正解がないとはいえ、ランドリールームやキッチンについては予想以上に家電を使うスペースなので、コンセントの数と位置はよく考えておきましょう。

また間取りからは読み取りにくい、窓の配置についても要注意。空間の快適性を大きく左右するポイントです。「西日がキツい」「予想以上に日当たりが悪い」「もっと窓を大きくすればよかった」「サニタリーに窓をつければよかった」「トイレとお風呂の窓は不要だった」など、リアルな声をたくさんチェックしてみてください。

### 間取りで後悔しているのは？

| 1位 | 部屋の広さ（広すぎた・狭かった） |
|---|---|
| 2位 | 収納不足 |
| 3位 | 家事動線が悪い |
| 4位 | コンセントの数・位置 |
| 5位 | 窓の位置 |
| 6位 | 吹き抜けがない |
| 7位 | 玄関の造りが悪い |
| 8位 | 無駄なスペースがある |
| 9位 | パントリーがない |
| 10位 | トイレが狭い、遠い |

## Real Voice

### 住んでから気づいた…！

コンセント位置！ 脱衣室やランドリーは意外に家電を使います

布団をしまう収納スペースをつくり忘れた…！

玄関にスリッパニッチをつくればよかった

洗面所に洗剤やタオルなどのストック用収納がほしかった

西側にバルコニーを設置したら、洗濯物が乾かない…！

リビング収納！ つくらなくて後悔しています

### 間取り、これ失敗したかも

シューズクローゼット、ファミリークローゼット、リビング。広すぎて使いにくい

風呂上りに玄関前を通る動線なので、冬は寒い

玄関！ 位置やドアを開いた時に見える場所、幅、奥行き、後悔だらけ…

洗面室と脱衣室、もう少し広くすればよかった

ランドリールームを動線上につくってしまった。洗濯物が干してあると通行しにくい

キッチンの通路幅が狭くてキッチンに2人で立つとぶつかります

# なくてもよかった設備＆プラン　Real Voice

## これ本当に必要？
## もう一度チェックしてみて

　最新設備情報を見ると便利な生活のイメージが広がりますが、実際に決定する前に「これ、本当に必要かな？」と立ち止まってチェックしてみて。予算調整のためにも、不要な設備・プランが出ないようにしましょう。

　意外なところで「不要だった」という声が多かったのが、ベランダ。乾燥機つきの洗濯機や室内干しができるランドリールームを設置するなら、物干しスペースとしてのベランダは不要かも。また人気の食洗機やガス衣類乾燥機も「使っていない」という声があるので、ライフスタイルに合わせた設備選びが大切です。

### 不要だった設備＆プラン

| | |
|---|---|
| 1位 | ベランダ |
| 2位 | 浴室乾燥機 |
| 3位 | 勝手口 |
| 4位 | 食洗機 |
| 5位 | 多すぎる照明 |
| 6位 | ガス衣類乾燥機 |
| 7位 | 和室 |

［その他］
・書斎
・お風呂の窓
・床暖房
・暗証番号キー
・センサーライト

## この設備、いらなかった!?

食洗機の掃除が大変。小まめに掃除しないとすぐ故障！

タッチレス水栓の反応の悪さにイライラ

浴室暖房乾燥機、つけたけど使ったことがないかも……

パントリーの扉、あるのに閉めてません

## 意外と難しい！窓選びの失敗

思ったより日当たりが悪い！今から窓を増やしたい…

リビングに西窓をつけてしまった。冬はまぶしく、夏は暑い

準防火地域なので金網窓。もう少しお金をかけてクリア窓にすればよかった

トイレとお風呂の窓はほとんど使っていません

## 細かいけど、地味にストレス

コンセントの位置！　あと10cm右につけたら引き出し全部開いたのに

洗面脱衣室の高窓はFIX窓にすればよかった。
手が届かないので開かずの窓状態です

Part 5

# お客様を
# 呼びたくなる玄関の
# センスアップレシピ
# 14

家族が毎日帰ってくる場所。
うれしいお客さまが訪れる場所。
「おかえりなさい」と「ようこそ」の気持ち、
そしてここに住む人のセンスが伝わる玄関を目指して、
細かいディテールにまでこだわりました。

part 5
お客様を呼びたくなる
玄関の
センスアップ
レシピ
14

# 来客時に褒められる真似したい玄関

素敵な玄関は、家族にも来客にもうれしい空間。
コンパクトなスペースだからこそ、こだわりを詰め込んで、
お気に入りの空間をつくりましょう。

### 庭まで視線が広がるFIX窓

玄関を開けると庭の樹木が目に入るようにFIX窓を設置。暗くなりがちな玄関がいつも明るい雰囲気に（koto_noie邸）

床材：マルホン、土間タイル：「ARTICA」リビエラ

リビエラ

千

## 扉を開けてすぐに広がる階段ディスプレイ

玄関ホールの階段は、絶好のディスプレイスペース。アートフレームや枝物の花など、大きな空間をうまく生かして飾って（ayagram_home邸）

照明：「ブラケットライト」千、キャビネット：「ベストー」IKEA、床材：「オールドオーク マルチプライadd」アルベロプロ、土間タイル：「ARKETIPO」リビエラ

miratap

## 玄関を明るく見せるガラスタイプの室内ドア

室内につながる扉をガラスタイプにすると、部屋の光が玄関までこぼれ、開放感あふれる玄関ホールに（anneii.＿＿邸）

室内扉：「クアドロスリム」miratap、収納キャビネット：miratap、壁材・床材：リリカラ、土間タイル：「MB3」ダイナワン

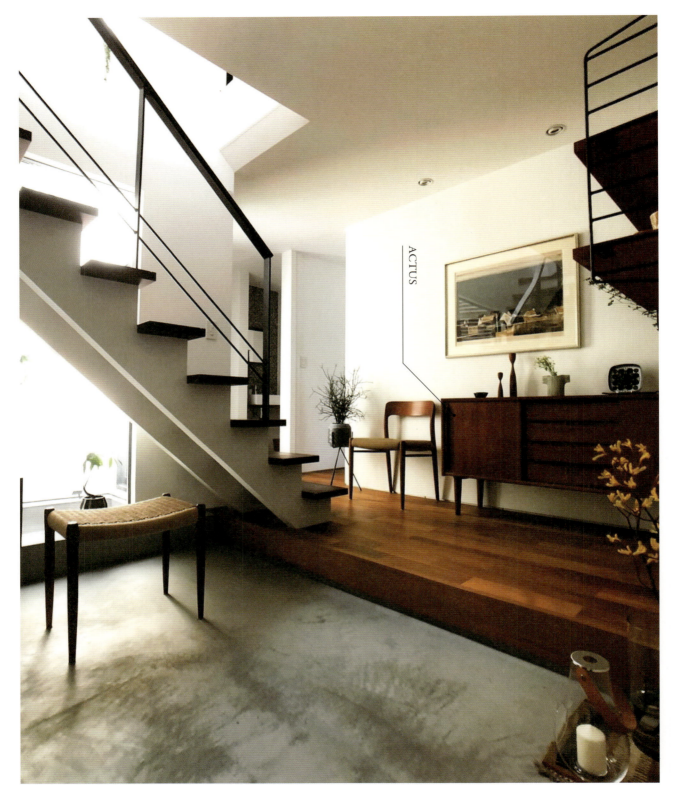

## 大好きな物をぎゅっと集めた空間
帰宅時を癒すデンマークスタイルの家具。土間に置いたスツールはJLモラーのデザイン（casa_omame邸）

キャビネット：ACTUS、壁材・天井材：ルノン、床材：アイオーシー、土間：モルタル

## あるとうれしい
## 全身チェック
## できるミラー

玄関に全身が見える姿見を置いて、お出かけスタイルをチェック。玄関空間になじむ色と素材でセレクトして（mr.home＿＿邸）

玄関扉：LIXIL、スツール：YESWOOD、鏡：NOWHERE LIKE HOME、壁材・天井材：リリカラ、床材：「PLフロア」Panasonic、土間タイル：「ロッセクラシコⅡ」ニッタイ工業

## 季節の雑貨で
## 来客をお出迎え

玄関横にコンソールテーブルを置いて、靴箱上と合わせて小物をディスプレイ。来る人の目を喜ばせるしつらえを（yi02qx邸）

玄関扉：「ジエスタ2」LIXIL、壁材：サンゲツ、床材：「AIRiS-α」朝日ウッドテック、土間タイル：「エタニティー」ダントータイル

169

part 5
お客様を呼びたくなる
玄関の
センスアップ
レシピ
14

### 深みのあるネイビーブルーの室内ドア

「かわいい！」と声が上がる、ネイビーブルーの室内ドア。チェッカーガラスがアンティーク感を演出（chee.____.se邸）

照　明：「Gemma-small」DI CLASSE、玄関マット：ANTRY、室内扉：「ラシッサD ヴィンティア」LIXIL、壁材：サンゲツ、床材：ikuta、土間タイル：LIXIL

### 黒をアクセントに効かせたシンプル空間

白×ウッド材のシンプル空間に、室内ドアやアートフレームの黒をアクセントに効かせて。照明は海外のショップで購入（kayo__home邸）

室内扉：「クアドロスリム」miratap、壁材・天井材：ポーターズペイント、床材：「ラシッサDフロア」LIXIL

## 天井高までの鏡で
## 空間をシャープに見せる

空間を広く見せる、スリムタイプの鏡。天井までの高さがあるのですっきりなじむ。キャビネットはマットなグレーをセレクト（M邸）

収納キャビネット：miratap、壁材：シンコール、土間タイル：名古屋セラミックス

miratap

名古屋モザイク工業

miratap

ポーターズペイント

## 思わず目を引く
## タイル仕上げの壁

どっしりとした存在感を放つ、タイル仕上げのアクセントウォール。壁や床は、ライトブラウンのウッド材でまとめて（onesail13邸）

壁材（タイル）：名古屋モザイク工業、床材：「トリニティ」大建工業、天井材・収納キャビネット・室内ドア：ミサワホームオリジナル

171

part 5
お客様を呼びたくなる
玄関の
センスアップ
レシピ
14

# 採用して正解！
# 機能的な玄関

気がつけば、つい物があふれてしまいがちな玄関。
しまう物に合わせた収納スペースを用意すればお気に入りアイテムを飾る余裕も生まれます。

### 絶対ほしくなる
### ワイドなシューズクローゼット

靴を脱いだまま出入りできるウォークインタイプのシューズクローゼット。どこに靴があるかひと目でわかるオープン棚（casa_omame邸）

壁材・天井材：ルノン、床材：アイオーシー、土間：モルタル

荒井窯業

## あるとうれしい
## 玄関のベンチ

やっぱり心強い、システム収納の収納力。たたき近くにベンチがあるとめんどうな靴の脱ぎ履きの時に便利（__nn.home邸）

収納キャビネット：「コンポリア」Panasonic、壁材・天井材：サンゲツ、床材：miratap、土間タイル：miratap

Panasonic

## 隠れ家のようなシューズクローゼット

アーチ型の開口でつながるウォークインクローゼット。アウターも気軽にしまっておけるのが便利！（_____nana.___邸）

小物スタンド：「DRAW A LINE」、壁材・天井材：リリカラ、壁材（シューズクローゼット面）：シンコール、床材：「コンビットリアージュ」ウッドワン、土間：「フィウミⅡ」荒井窯業

## 重くなりがちな
## 収納キャビネットを
## 軽く見せるコツ

壁、床、天井、収納キャビネットをすべて白でまとめ、下を浮かせることでキャビネットの圧迫感を解消（etoile_mu邸）

鏡；DULTON、フラワーベース・キャンドルホルダー：H&M home、スツール：ZARA HOME、壁材・天井材：シンコール

ZARA HOME

## THE ROOM TOUR
（運営会社 株式会社ザルームツアー）

SNS総フォロワー数80万人を超える、暮らしのSNSメディア（2025年3月現在）。月間1,000万回の閲覧数を誇る公式Webサイト「THE ROOM TOUR」も運営。家づくり経験者の体験談をメディア編集部が取材・調査して、注文住宅を後悔しないためのコンテンツをお届けしています。

Instagram
@the_room_tour

公式Webサイト
https://the-room-tour.com/

---

### 購入者限定特典
全15ページの大ボリュームPDFを無料プレゼントします！

**特典1**
1分で自分にぴったりのインテリアスタイルが見つかる！
**パーソナルインテリア診断**

**特典2**
家づくり経験者さんに聞く、本音が詰まったアンケートまとめ！
**インテリアQ&A 35選**

特典GETはこちらから→
① 右のQRコードからLINEページに移動
② お友達追加をすると、特典が自動で送られてきます

# お部屋協力リスト

本書でご紹介するお部屋の写真は、「THE ROOM TOUR」、
また同サイトにご協力されているインスタグラマーの方々からご提供いただいています。

casa_omame 邸
m.sumirin 邸
sakura_noie 邸
ya____home 邸
yi02qx 邸
ew.home.we 邸
_____.rhm 邸
home_hakuhaku 邸
nao_haus 邸
uri__home 邸
chee.____.se 邸
sai_home_320 邸
sara _____ie 邸
aco__m.a__ 邸
kurumi_myhome 邸
leesaa_house 邸
ki__kiroku 邸
koto_noie 邸
chiko__no_ie 邸
anneii._____ 邸
etoile_mu 邸
erika.12.09 邸
mr.home____ 邸
koquito3 邸
meme.d 邸
shigehouse 邸
ai_home_a 邸
hiraya_ oshio 邸
rin__noie 邸
__ nn.home 邸
ico_home.dh 邸
mofu__home 邸
nk__hooome 邸
hanachan_____3 邸
y.myhome.m 邸
yo.to619 邸
n____noie 邸
m.atelier_home 邸

__cacao__ismart 邸
k_____co_home 邸
onesail13 邸
ruu.home___ 邸
ai_noie_o 邸
koko_home_1227 邸
ma_home0211 邸
__harusanchi_____ 邸
misaki__home 邸
kana_no_ house 邸
_____nana.____ 邸
_maya_ie_ 邸
fab.house_r2 邸
neige__123 邸
_____ri_home 邸
snt_ k.home 邸
my.home. coma 邸
_____saki_ie____ 邸
kinop.myhome 邸
iiii_ihome 邸
c_____life_ 邸
n.k_____home 邸
__k.home_ 邸
ena_home_ 邸
M 邸
_____er.s 邸
risa46____ 邸
rumyroom 邸
uu.no_ouchi 邸
home.280.yai 邸
kayo__home 邸
n.mugi_home 邸
ayagram_home 邸
harukanako_ 邸
sy.__home 邸
n___home19 邸
brilliant_819 邸
ramu_home 邸

（掲載順。複数掲載の場合は初出ページより）

住みたいが見つかる！

# センスのいい部屋づくり
# レシピ BOOK

2025 年 4 月 3 日　初版第 1 刷発行
2025 年 7 月 14 日　　第 3 刷発行

**著者**
THE ROOM TOUR

**発行者**
三輪浩之

**発行所**
株式会社エクスナレッジ
〒 106-0032 東京都港区六本木 7-2-26
https://www.xknowledge.co.jp/

**問合わせ先**
［編集部］tel 03-3403-1381　fax 03-3403-1345　info@xknowledge.co.jp
［販売部］tel 03-3403-1321　fax 03-3403-1829

無断転載の禁止
本書の内容（本文、図表、イラスト等）を当社および著作権者の承認なしに
無断で転載（翻訳、複写、データベースへの入力、インターネットへの掲載等）、
本書を使用しての営利目的での制作（販売、展示、レンタル、講演会）を禁じます。